叶永平 / 编著

奇幻城堡下的童话

上海迪士尼文化密码

上海社会科学院出版社
SHANGHAI ACADEMY OF SOCIAL SCIENCES PRESS

当你沉浸在上海迪士尼乐园的几十个游乐项目和配套设施之中，与米奇、美妮、白雪公主、巴斯光年、漫威英雄等面对面时，你是否知道这些迪士尼的“幻想杰作”是从何而来？你是否知道隐藏在这些游乐项目和卡通形象后面的传说故事？你是否知道他们的“文化之源”？

在这里，我们将一起探寻上海迪士尼所包含的“文化密码”……

谨以此书献给上海迪士尼乐园开园两周年。

——作者题记

序言

对迪士尼文化：一如既往的厚爱

我不是迪士尼文化的“探险者”，更不是迪士尼文化密码的“解密人”，我只是一个迪士尼文化的追梦人。

自2009年参与上海迪士尼项目谈判开始，我先后到美国、日本和中国香港的迪士尼乐园考察，并与美国迪士尼总部进行了项目谈判。由此，我与迪士尼结下了不解之缘。

8年来，我笔耕不辍，对迪士尼文化潜心研究，先后发表、出版了60多万字的相关著作，由此被戏称为“迪士尼作家”。2015年12月出版的《迪士尼浦东梦》一书，被称为“第一部揭秘浦东迪士尼项目的长篇纪实文学”，被上海作协列入2014年和2015年重点创作扶持项目，并由《新民晚报》部分连载。

2015年12月出版的《私人订制游迪士尼乐园》，是第一部向中国读者介绍世界上除上海迪士尼外5座迪士尼度假区的中文版图书。

2016年3月出版的《迪士尼乐园你知多少》，是有关迪士尼乐园的“十万个为什么”，也是我多年来收集整理并研究迪士尼文化编著而成的。此书充满知识性、趣味性、资料性和可读性，是第一部中文版闲话“迪士尼轶事趣闻及迪士尼常识”的通俗读物，深入浅出，雅俗共赏，既有助于读者愉悦阅读消遣，也可充作迪士尼游园的辅助读物。

2017 年 3 月出版的《与迪迷爷爷游迪士尼乐园》，这是第一本介绍全球 6 座迪士尼度假区的中文版少儿读物。在这本书中，我带领大家畅游迪士尼乐园，向大家展现了每一座迪士尼乐园背后的故事与独特之处。

上海迪士尼度假区公共传讯部副总裁 Murray King（王凯）先生在《一如既往的厚爱》一文中所说："感谢叶永平先生对上海迪士尼度假区一如既往的支持和厚爱。上海迪士尼度假区从 2011 年 4 月破土动工，到 2016 年 6 月盛大开幕，经历了建设、运营的诸多里程碑。我们有幸在此期间有叶先生这样的'迪士尼忠粉'始终对我们的发展寄予巨大的热情和关注……每一次的迪士尼之旅都让叶先生加深了对迪士尼的理解，也更添一份喜爱。因此，叶先生以其'迪士尼忠粉'的独特视角、用文学创作的方式，多次在媒体平台上向更多人展现一位粉丝眼中的华特迪士尼乐园与度假区及其与众不同之处，并抒发了他对上海迪士尼度假区所寄予的期待。"

王凯先生对我的溢美之词是对我的一种鼓励和鞭策。

本书是我第 5 本有关迪士尼文化的作品，然而，这将又是一个新的起点……

最后，感谢上海浦公检测技术有限公司的鼎力相助。

叶永平

戊戌年初夏于浦东

目　录

城堡的不解之缘

在上海迪士尼乐园，标志性的建筑就是“奇幻童话城堡”。

在这些城堡里，大多有迪士尼卡通人物在接待游客，与他们互动、照相留影。也有销售迪士尼产品的专卖店。

但是在上海迪士尼，幻想工程师有了新的灵感和创作。

这个“奇幻童话城堡”，是现有迪士尼中最大、最高的。其设计外形同以往的5座城堡相比已有较大的改观，既不同于灰姑娘城堡也不同于睡美人城堡，高耸的主塔塔顶像是戴着皇冠一般。城堡入口传统的拱券结构风格，又增添了花饰，更显生气活力。同时，在拱券上方的建筑立面，长方形大窗户，又颇有文艺复兴建筑风格的老虎窗样式。窗户两边设置了装饰性的壁柱，金碧辉煌。一旁，则是一对小角楼，出挑而显得神秘端庄。四周尖尖的角楼和复杂而高耸的屋顶却依然充满着哥特式的风格特点。而圆筒式的小城堡，上部分级挑出，形成上大下小，环形垛口、狭小窗户，又有罗马风格。迪士尼的设计者称之为“迪士尼风格的建筑”。

从乐园中央拔地而起的“奇幻童话城堡”将唤起经典永恒之美。其高雅的塔楼直指云霄，代表着憧憬、希望与童心的奇梦。城堡的最高点是一枚融合独特中国元素的金色装饰尖顶，它为这座迪士尼神奇王国增添了一份异彩。尖顶的顶端是一朵金色的中国名花：牡丹。牡丹花下方，一簇簇迪士尼神奇之星从中心圆杆向天空四射绽放。另一枚金色尖顶则特别呈现了代表上海的白玉兰，以及象征着迪士尼各位公主的迪士尼皇冠。

迪士尼城堡源自童话故事《睡美人》。

《睡美人》，是一则经典欧洲童话。这则童话拥有多个改编版本，其中最著名的是法国作家夏尔·佩罗于1697年出版的《鹅妈妈的故事》中收录的版本，以及《格林童话》中的版本（《玫瑰公主》)。不同版本的睡美人故事，传至世界各地，成为家喻户晓的童话故事之一。其中夏尔·佩罗版本同格林兄弟版本基本一致，但是结局却有所不同。

《玫瑰公主》是《格林童话》中的经典童话故事之一。其故事梗概为：美丽的爱洛公主受到邪恶的妖婆卡拉波斯的诅咒，在16岁时被纺锭刺伤手指而死。但由于代表善良与智慧的精灵里拉用魔杖赶走了妖婆，使得爱洛公主幸免一死，而以沉睡一百年代替了死亡。一百年之后，恰逢白马王子狄吉列经过这一城堡，他依照里拉的指示，用热吻唤醒了爱洛公主。故事的结尾是王子与公主举行了盛大的婚礼，他们从此过上了幸福快乐的生活。

迪士尼《睡美人》是美国迪士尼于1959年出品的一部动画电影，于1959年1月29日在美国首映。

影片改编自夏尔·佩罗和格林兄弟版本的童话故事《睡美人》，讲述的是史蒂芬国王与丽亚王后生下了小公主爱洛，全国人民为此而向国王与王后庆贺。在公主的诞生洗礼仪式上来了三位仙子，她们分别是花拉仙子、翡翠仙子和蓝天仙子，她们轮流给小公主献上美好的祝福。然而。在第二位仙子的祝福过后，邪恶的黑女巫梅尔菲森特突然出现在大殿上，以为公主祝福的名义施下诅咒，让爱洛公主在 16 岁生日之时被纺车针刺死。

在梅尔菲森特狂笑着离去后，大家都吓坏了，而第三位仙子还没有为公主祝福，于是她将死亡魔咒改为沉睡之咒，公主必须得到王子的真爱之吻才能醒来。随后，国王下令将全国的纺车全部烧毁。但让人意想不到的是，即使有三位仙女极力帮忙，却仍然摆脱不了不幸的发生，爱洛公主因此长眠不醒。最后，与公主互生情愫的菲利普王子为爱披荆斩棘、克服万难、打败梅尔菲森特，登上塔顶用真爱之吻破解了公主的魔咒。

在其剧照中，就有城堡的形状。城堡就是这样同迪士尼结下了不解之缘。

事实上，《睡美人》中城堡的灵感来源于德国新天鹅堡。该城堡建于 1869 年，在德国众多的古堡中，绝对算不上历史悠久的一个，360 个房间只完工了 14 个，连“半成品”都算不上。其外观不算宏伟，却成了迪士尼城堡的原型。而这座城堡背后，还有一个关于国王路德维希二世的传奇故事。

路德维希二世，19 世纪生于慕尼黑郊外的宁芬堡，在霍恩施万高的旧天鹅堡中长大，自幼爱好绘画、诗歌、音乐等艺术。他在情窦初开的年龄，爱上了他的堂姐——著名的茜茜公主，然而茜茜公主 15 岁便嫁入奥地利王室。年轻的国王曾经在书信中说，他的堂姐，是他一生中最信任的人。尽管他后来还曾与茜茜公主的妹妹订婚，却在婚前突然取消婚约，之后国王一生便再未对任何一个女人动心。

史称，路德维希二世自幼厌恶权力争斗，也不喜欢宫廷侍从的卑躬屈膝，只沉浸于艺术的世界中不能自拔。18 岁即位后，他渐渐远离政治，久而久之，便独自生活在那个自己描绘的童话世界中。路德维希二世在年少时期听家庭教师讲述了舞台剧作家理查德·瓦格纳的歌剧《罗安·格林》，其内容是围绕中世纪天鹅骑士的英雄故事，自此他便与瓦格纳结下了不解之缘。新天鹅堡的诞生，尤其是音乐厅和骑士浴室的设计，就是从瓦格纳的歌剧中——瓦特堡得到的灵感。

路德维希二世始终沉迷于自己梦中的那个童话世界，还于 1870—1878 年间在阿尔卑斯山间建造了林德霍夫宫。

后来，这位国王在给瓦格纳的信中提到，要在山上古堡的废墟之上建造一座新的城堡，果不其然，次年城堡正式动工。在长达 17 年的建造时间里，工程耗费了大量人力物力，不仅国库空虚，甚至举借外债，而国王则沉浸于自己编织的这个童话世界中，渐渐失去了所有权力。最终，路德维希二世被议会宣布为精神病，而且还被软禁起来。据说，他最后一次视察完自己的童话世界，返回慕尼黑的途中，就此长眠在施坦贝尔格湖中。

在路德维希二世死去的时候，新天鹅堡仍未完工，360 个房间只完工了 14 个，而他自己，也只在这个用尽 17 年精力建造的童话城堡里居住了 172 天。新天鹅堡精致的设计仍然令人叹为观止，就连国王的床，也是 14 位能工巧匠耗费了 4 年的心血才设计建造完成的。堡内外的设计几乎超出了当时的建筑能力。正因为城堡被命名为“新天鹅堡”，因此到处都装饰有天鹅造型的日常用品，就连水龙头也被天鹅形状装饰。这就是新天鹅堡的轶事。

洛杉矶迪士尼乐园睡美人城堡，于 1955 年 7 月 17 日开放，高度 23.5 米，是最早的迪士尼城堡。

而今，全世界 6 座迪士尼乐园均有自己的迪士尼城堡，而且都成为一种标志性建筑。

城堡，是迪士尼文化的符号，显然，当迪士尼的文化符号同其价值观、人物、仪式等融为一体时，自然形成其独特的竞争力、生命力和影响力。

呼啸而来的“创极速光轮”

2016年6月16日，上海迪士尼乐园正式开门迎客，游客火爆。在上海迪士尼乐园中拥有全球独有的娱乐项目——根据《创：战纪》改编而来的“创极速光轮”过山车就是其中一项，人气指数绝对是五颗星。

“创极速光轮”位于明日世界主题园区，被包裹在巨大的半透明穹顶建筑下，座位构造犹如影片《创：战纪》中的“光影摩托”，一排两人，每人一辆，全程穿梭在影片的各种还原科幻场景中。据悉，“创极速光轮”是上海迪士尼乐园独有的游乐项目，也是全球迪士尼乐园最惊险刺激的游乐项目之一。“创极速光轮”过山车项目是根据迪士尼电影《创：战纪》改编而来。不同于传统的过山车，“创极速光轮”采用了电影中摩托车的造型，这也意味着游客需要趴在摩托车上，握紧面前的把手，双腿蜷曲，背部固定，整个过程充满了电影的代入感。两轮式摩托设计还结合了极富感染力的车载音效、光效和特制安全装置。除此之外，过山车的轨道采用了室内与室外结合的方式。在室内，利用轨道旁边的屏幕，另外一辆车会与你同场竞技。在室外，特别是夜晚，穹顶会变幻出各种斑斓的色彩。它由一部分过山车和一部分模拟器组成，最高速度能达到100千米/小时。

乘着两轮式“创极速光轮”，在壮丽穹顶下的隧道飞驰而过，高速进入由多彩灯光、投影和音效营造出的虚实莫辨的幻想空间。当车辆极速启动的瞬间，感觉如箭一般射了出去，接着车身轻巧地划过几个弯道，再以极快的速度从高处俯冲而下。“创极速光轮”可穿梭于室内和室外：室外的真实空间，让人觉得就像在半空中飞一般；在室内时，屏幕投射的竞速背景，仿佛自己成了拯救世界的超级英雄。

这是上海迪士尼乐园最刺激的项目，即使不敢去乘坐，也可以在五颜六色的穹顶下感受一束束蓝光飞驰，以及缤纷夺目的光效和响彻云霄的尖叫。

迪士尼利用你看不到的创新技术将游客带入到一个震撼人心的世界，成为其中一员，获得前所未有的体验。

“创极速光轮”从何呼啸而来？其设计原型正是来源于 2010 年迪士尼出品的科幻片《创：战纪》，即 1982 年经典科幻片《电子世界争霸战》的续集。

这部影片以一对父子的冒险故事为线索层层展开，将电子网络中的情景与现实中的探险交相呼应。影片的主角萨姆·弗林是一个 27 岁的叛逆青年，他的父亲凯文·弗林是一位知名的虚拟空间领域的游戏设计大师，已经失踪多年，萨姆苦苦追寻着父亲的下落。

一条神秘的信息引领萨姆进入了已封闭了 20 年的父亲旧办公室，并由此神奇地进入了父亲设计的电子世界，他发现原来父亲被自己创造的数字化身困在虚拟空间已长达 20 年。在勇敢的葵拉的帮助下，父子俩闯过了生死一线的重重险关，准备回到现实世界，但这还远远没有结束，他们还要面对不可预知的危险：

奇妙的交通工具、各式各样的精锐武器、变幻莫测的数字风景，当然还有冷酷的克鲁——老弗林的数字化身，他会不择手段地阻止萨姆和父亲回到现实世界。原来凯文·弗林在开发这一足以改变人类世界的电子网络世界的过程中，他所创造的“替身”克鲁背叛了他，克鲁控制了整个电子网络世界，不仅使老弗林无法从关口回到人类世界，还妄图从电子世界关口进入并控制人类现实世界。

于是，父子俩和葵拉为了回家，为了阻止克鲁将要带给人类的灾难，在步步危机的电子网络世界展开了一段生死大历险。

这部影片的导演表示，“从一开始，我和肖恩·拜利就对摄制组的工作伙伴们说，这是一个父子历险的故事，而这一点也正是《创：战纪》故事的核心”，“这对我们来说是非常重要的，要身处炫目的视觉效果中，又不能让父子的核心线索被冲淡。影片的主题是一个男孩在失去父亲关爱的境遇下独自成长，他必须承受失去父亲的痛楚。接着，他偶然发现，也许父亲的失踪和他原来想的并不完全一样，也许他有机会改变这一切，重新恢复和父亲的联系。”制片人拜利说：“我们的目标就是尽我们所能，让整个故事更加丰满，包括视觉特效、真实场景、绝妙的配乐，还有演员的表演风格，我们所做的一切都是为这个目标服务的。”

如今的这部《创：战纪》弥补了前作由于技术局限造成的遗憾。影片的最大卖点——电子世界，也足以用“惊艳”两个字来形容。影片中的所有设计原型均来自前作，但视觉效果却有了质的飞跃，其 3D 效果足以让科幻迷们大呼过瘾。可以说前作提供的只是一张图纸，真正完成成品制作的却是如今的这部续集。

上海迪士尼别出心裁探索出将电影带入景点的创新之路。这部由电脑制作的划时代电影拥有精美绝伦的视觉效果，直至今日依然魅力不减。

如今，当迪士尼乐园史上最酷最快的过山车之一——“创极速光轮”以风驰电掣般的速度呼啸而来时，你是否会想起它背后的故事？

体验未来驾驶的“创界”

2016 年 9 月，在刚刚开园才 3 个月的上海迪士尼乐园中的“明日世界”园区，全新游乐项目——“创界：雪佛兰数字挑战”终于揭开面纱，乐趣无穷的游乐体验将带领游客沉浸于充满想象和前沿科技的创新世界。

那天，上海迪士尼度假区及上汽通用汽车的高层代表共同揭幕“创界：雪佛兰数字挑战”，活动现场同时发布了第六代雪佛兰科迈罗，开启了这款经典传奇性能跑车在中国市场的新纪元。

上海迪士尼度假区总经理宣布了上海迪士尼度假区内的全新游乐体验：“‘创界：雪佛兰数字挑战’正式向游客开放。强强联手的迪士尼与雪佛兰品牌都崇尚积极向上的乐观精神，并且坚信：用一点创意，让一切皆为可能。作为乐园‘明日世界’园区中新增的游乐体验，‘创界’将为游客带来又一个世界级娱乐体验。”

“创界：雪佛兰数字挑战”，是一种前沿创新科技，充满未来感，酷炫超跑的造型给人带来独一无二的全新体验。“创界”的内部设计灵感源自《创：战纪》的数字化世界，在未来感十足的空间里，发光的玻璃轨道和交错的蓝色数字灯光以流线型结构将“创界”分为三大互动区域——“想象”“创”和“驾驭”。

“想象”区：这里有一款通过体感操控的游戏，体验者将

“身穿”特制的虚拟光服，通过身体的摆动和手的挥动来控制屏幕中的小人进行游戏，感受在数字化世界中驰骋。

“创”区：在标志性的“前瞻汽车设计”体验中，游客可参与设计新型的未来汽车。游客通过选择车型、引擎、轮胎、车灯、颜色等，设计自己眼中的未来汽车。在这些设计的选项中，包括每一个零部件都让人们看到未来汽车的影子。比如，离子发射器可以用来清除路上的障碍物，它的原理是将高密度的离子团导入加速器环，经由电磁轨道高速射出；创涡轮引擎是一款光能涡轮引擎，搭载这个引擎的车可以拥有无可比拟的超高速。

“驾驭”区：游客可以进入以雪佛兰品牌为灵感设计的驾舱，体验最新型的“光轮跑车”所带来的无与伦比的数字化试驾体验。每一轮有六位体验者进行比赛。游客利用转盘和按钮控制屏幕中的汽车，在体验者面前的大屏幕上显示着充满未来感的虚拟赛道，路上有一些能量球和障碍物，体验者通过转盘吃掉或者劈开它们，同时转盘上有红色按钮可以攻击其他的体验者。整个体验过程约十分钟，每位体验者都会获得身临其境的感觉。

三款技术顶尖的概念车展示：擎翼、灵思、光梭。擎翼，是“创界”中一款备受瞩目的“光轮”跑车，它拥有出色的动力以及领先的科技；灵思——配备了出众的电机设备和智能车载互联系统，代表着未来城市的新型个人代步工具；另一款光梭，是搭载革新性声能推动系统的超跑。

诚然，创界雪佛兰数字挑战馆也融入了大量《创：战纪》的电影元素。数字馆内部是以银色和黑色为主，充分展现出其未来感。

其实，迪士尼对数字技术的热捧和推崇，早已持续很久。从上海迪士尼的两项游乐项目——“创极速光轮”和“创界：雪佛兰数字挑战”中便可看到，其源头不仅仅有2010年的《创战纪》，还可追溯到1982年出品的科幻电影《电子世界争霸战》。

《电子世界争霸战》讲述了一个电脑程序员进入电脑，被迫在自己开发的游戏中作战的故事。主人公进入电脑世界历险，以及对于电脑特效的尝试在当时引发热议。这部1982年的作品，在很多方面进行了颠覆性的突破。其用异想天开的电脑制图，开创了一个崭新的时代。

该片诞生于1982年电脑尚未像今日普及的时代，它没有得到普遍的理解与追捧也是情理之中。该片率先提出的，将人的意识代入电脑或游戏，用拟人手法来表现人的意识不受困于肉体时，能自由延展到何种境界，这为后世电子泛滥的E时代展开了一幅天马行空的终极想象，也使这部影片成了这种科幻电影的鼻祖。

作为一部科幻片，《电子世界争霸战》的故事、表演其实并没有多么高的水准。但从风格和技术上来看，影片却是划时代的：大量运用计算机图形处理。即使在今天看来，影片的画面仍然充满想象力：虚拟空间中飞行着像大门一样的侦察器；有着蝴蝶般翅膀的运输工具顺着光线移动；程序之间用一只闪光的碟子互相攻击；在游戏场中由人形瞬间变成摩托车飞驰……

《电子世界争霸战》继《星球大战》之后，再次创造了视觉上的奇观，只是影片过于极客的倾向使它只为小众所接受和推崇。难怪，美国计算机学会将这部电影视为电脑图形的里程碑，认为它开创了一个崭新的CG电影时代。

为什么这样一部电影能在当时横空出世呢？这一切首先要归功于一家叫作MAGI的公司的研究，他们在1975年展示了用电脑生成三维物体，不仅能表现真实的空间透视，还能完成复杂的摄像机运动。这让导演史蒂文·利斯伯吉尔看后激动不已。后来，正是这家公司为影片制作了大量的三维动画。除了纯粹的电脑画面，影片实拍所涉及的特效部分实现起来也是相当复杂的，每一个画面都由好几层组成，拍摄好的画面又会被进行多次处理。许多细节的遮罩则是靠手工一帧帧画出来的。对不同的图层上使用不同的滤镜处理，然后合成在一起，最终得到片中的惊人效果。事实上,《电子世界争霸战》中的合成镜头远比纯三维动画镜头要漂亮得多。这也体现了当时电脑动画的局限。

《电子世界争霸战》奠定了后来此类影片的基本元素，比如：虚拟世界被看作是负面的不真实的，现实世界则被描绘成真实可信的；想反控人类的邪恶计算机；强大到足以控制世界的大公司；由交错闪烁的网格构成的虚拟空间；游戏化的战斗方式；以病毒来攻击主机的最终解决办法等等。其对电脑控制的反思、对虚拟世界的警惕，以及对电脑极客拯救世界这一主题的创造，都对科幻电影的发展影响深远。

可见，从《电子世界争霸战》到《创：战纪》，迪士尼一直在汲取着科幻文学的精华，始终在这一领域抢先开发与投入，以保持在游乐项目上的创新性、科技性和前瞻性，使“明日世界”充满“明日”的幻想。

来自何方的“火箭人”

“喷气背包飞行器”，像“飞人”一般，在上海迪士尼“明日世界”的高空中俯冲盘旋。如果你曾幻想来一场单人飞行之旅，不妨来试试“明日世界”的交通方式——宇宙探险之旅将叫人叹为观止。

这难道是一个神话？不，不是。它取材自科幻小说中的高科技世界，在这里游客起舞、漂浮，在空中穿行。“喷气背包飞行器”通过16个机械臂和一个巨型球体相连，初出茅庐的飞行员们两两一组，背上由火箭提供能量的“喷气背包飞行器”，翱翔在迪士尼乐园上空。

当你起飞到最高点，进入一连串快速的旋转时，一定要牢牢抓住控制柄，它能帮助你控制高度。旋转的大球将把你带到离地面几层楼的高度，获得媲美搭乘火箭般惊险刺激的体验。

“这里让您前瞻无尽的奇妙意念……踏出创造未来的一步。明日拓宽了科学、探索和理想的领域；挑战极限，揭开外太空的奥秘……渴望缔造和平而统一的时间。”这是华特·迪士尼对未来的一种期盼，也是迪士尼乐园“明日世界”的理念。华特·迪士尼与飞行器的渊源可以追溯到“宇宙发射机”，自1956年起它就成了迪士尼乐园的一处景点，现在它被称为“太空轨道车”。正因为他对科学、创新和外太空探险的热情不减，“明日世界”

和“原子时代探险之旅”才最终成为现实。在奥兰多迪士尼神奇王国的明日乐园，有个“飞越太空山”，其创意源于华特·迪士尼先生，他的灵感来自20世纪60年代早期的喷气机。他设想了一名模拟宇航员乘“过山车”从一个阴暗的未来空间站进入到太空这样一个旅程。

后来的东京迪士尼乐园也推出了类似的游乐项目。巴黎迪士尼乐园对设施进行了重新设计，并于1992年在“明日世界”的升级版——“发现王国”中向游客开放。香港迪士尼幻想工程师将整个“明日世界”园区创设成一个专为探索太空漫游奇遇与经历的星河太空港口。每个游乐项目、商店及餐厅均以机械人、宇宙飞船、浮动星体作装饰，使之成为太空港口的一部分。游客可以在“飞越太空山”经历时空旅程，亦可乘坐“太空飞碟”来回穿梭于太空。

如今，全球各地的迪士尼乐园的“明日世界”依旧向游客们展示华特对未来的希冀和展望——包括上海迪士尼乐园首次推出了“喷气背包飞行器”。

为什么各家迪士尼都对“明日世界”的游乐项目乐此不疲呢？也许是随着科学技术的不断创新、不断更替，人们对未来世界的好奇与期待也日益增强，渴望一探究竟，而“明日世界”恰恰满足了人们的这种需求，因此成为迪士尼乐园的“火爆”项目。

上海迪士尼的“喷气背包飞行器”是以最新技术而创建的游乐项目，其源远流长，同一部迪士尼电影有关。

《火箭手》是迪士尼1991年推出的电影，故事题材是由戴夫·史蒂文斯的同名图文小说改编而成。

本片发生在20世纪30年代的好莱坞，有一个军方的秘密武器意外落在一位竞技表演飞行员克利夫手中，他对此推进器颇感惊奇，最后他背上了这副怪东西，戴上面具，成了行侠仗义的“火箭手”。然而各方人马都想夺得这项秘密武器，尤其是一位好莱坞影坛的知名男演员维尔辛克莱——纳粹潜伏在好莱坞的情报人员。为了夺得火箭，他挟持了克利夫的女友珍妮·布莱克，于是“火箭人”克利夫展开了他的救援行动。

“火箭人”的出现，为日后的迪士尼游乐项目奠定了基础，也给迪士尼幻想工程师留下恣意设想和创造的余地。

其实，随着科学技术的发展，“火箭人”早已不是什么高不可攀的东西。据报道，2008年9月26日中午，瑞士“火箭人”伊夫·罗西背负装有小型喷气发动机的喷气动力翼，成功飞越了英吉利海峡。罗西乘坐的飞机从法国升空，在距地面约2 400米的空中跳出机舱，依靠喷气动力翼以200千米/小时的速度飞行了35千米，然后打开降落伞在英国多佛尔附近海岸安全降落。2010年4月1日，据国外媒体报道，当下一次英国车主在高速公路上行驶发生故障、汽车半路抛锚时，不必再眺望远处，指望英国汽车协会的救援车尽快赶到，而是应该仰望天空，期待“火箭人”的降临。这个维修服务救援机构将建立一支快速反应巡逻队，由身着轻型喷气背包的“火箭人”从空中越过堵塞的交通，抵达故障车辆所在地点实施救援。看来，“火箭人”离我们的生活越来越近。

上海迪士尼里的“火箭人”虽然只是一个游乐项目，但却让游客念念不忘那部迪士尼电影《火箭手》……

太空英雄“巴斯光年”

在上海迪士尼乐园的“明日世界”主题园区，有个“巴斯光年”的游乐项目。其实，在世界上另外5座迪士尼中，也都有“巴斯光年”的游乐项目，可见其受游客追捧的程度之高。

和所有“巴斯光年”的游乐项目一样，上海迪士尼的“巴斯光年星际营救”，也是源自迪士尼·皮克斯电影《玩具总动员》系列。游客们将协力完成拯救世界的任务。沉浸式的体验、全新的故事情节及最新的射击系统，将使其成为迪士尼乐园中最吸引人的游乐项目之一。该项目模拟外太空场景，采用了动画目标和LED屏幕，以及实时反馈的新型瞄准系统。随着故事步步深入，索克天王威胁要毁灭外星人所居住的星球，巴斯光年需要召集更多的太空骑警并招募乐园游客加入他最新建立的星际总部，搭乘各自的飞船，利用发射个性化彩色激光来射击敌人。游客们在巴斯光年精英飞行队的排名也会随着每一次的射击成果而提高。

在上海迪士尼乐园中，巴斯光年（巴斯）和他的朋友们不再作为玩具出现，而是成了星际光能“世界”中的一员，这在全球的迪士尼乐园中尚属首创。

巴斯光年是《玩具总动员》系列动画片中的主角。《玩具总动员1》是皮克斯动画工厂制作的第一部动画长片，由迪士尼品牌发行。1995年11月首映。

该片讲述的是：安迪是一个喜欢玩具的孩子，他有好多玩具。而在玩具世界中，这些平时不动的玩具都是有生命的，当人都离开的时候，他们便活跃了起来。安迪最喜欢的玩具就是胡迪，可是在安迪生日聚会上，他得到了一个新玩具——巴斯光年。胡迪的地位受到了挑战，他和巴斯展开了一系列的斗争……可是最后，胡迪竟然和巴斯成了最好的朋友，并且发现了友谊的真谛。该片情节跌宕起伏，扣人心弦，节奏安排得很好，是一部非常吸引人的影片。

《玩具总动员 2》于 1999 年上映。自从上一部牛仔胡迪救回巴斯光年之后，他一直和其他玩具一起快乐地生活在小主人家。一次，小主人参加夏令营，带走了许多心爱的玩具，胡迪因为旧而没被带去。不久，安迪的妈妈在家进行大扫除时想将旧企鹅吱吱扔掉，胡迪决定挺身相救。当胡迪骑着看家狗巴斯特将吱吱救回时，自己却不幸失足掉在了院子里。恰巧此时一个胖玩具商经过发现了胡迪，他背着安迪的妈妈将胡迪塞入口袋偷了去，并把他带回一个玩具储藏室。

当胡迪惊恐万分急着要逃出储藏室时，却发现这里有三位牛仔玩具，他们见到胡迪后显得十分激动。原来，这些玩具都是胖玩具商搜罗来的，他们是过去一部热门卡通片中的人物，这里就缺少胡迪这个主角了。为了让胡迪明白自己的身世，他们为胡迪播放了牛仔卡通片的剧集，胡迪这才知道了自己过去的很多英雄故事，以及这些玩具都是当年和自己一起出道的伙伴，同时他还知道了一个让他不安的消息：胖玩具商将要把他和这些牛仔伙伴一块儿卖到日本的一家玩具博物馆去展览。

巴斯光年和玩具朋友们在胡迪被偷走后进行了认真分析，推断出胖玩具商商店的地点，之后组成了一支精干的小分队前去营救胡迪。在商店里，巴斯光年也看到了“成群结队”的巴斯光年玩具。

胡迪被翻修一新，胳膊也接上了，重新焕发出光彩。可他不想去日本，还是想回到安迪家去。然而多情的女牛仔翠丝极力挽留，使他犹豫不决。巴斯光年的营救队伍终于赶到了，也就在此时，玩具商要带着牛仔玩具赶乘去日本的飞机，巴斯光年能将胡迪救出来吗？……

《玩具总动员3》于2010年上映。自从11年前经历过大冒险后，玩具们安然无恙地度过了好几个年头。转眼间，玩具们的主人安迪已经成为一个青年，即将离家去开始他的大学生活。胡迪与巴斯以及其他的玩具们也都人心惶惶，生怕这个他们内心最恐惧的——被丢弃的一天即将来临。这一天，安迪的妈妈来到他的房间，询问他将如何处置这些伴他度过童年的玩具们，并要求安迪在离家前把这些东西处理好，如果没有要留下放置阁楼收藏的玩具，她就会把它们全都处理掉。安迪在妈妈的逼迫下，再次打开他的玩具箱，童年回忆瞬间涌上心头，他根本舍不得将任何一件玩具丢掉，于是将所有的玩具都放入大黑袋子中，准备把它们放置阁楼。但正当他拖着袋子上阁楼时，安迪被妹妹呼唤去帮忙，就在阴差阳错之下，妈妈误以为黑袋子里的玩具是要丢弃的，便扔到外面。好在玩具们最终有惊无险地逃过了被垃圾车收走的命运，逃到装有要捐赠给阳光托儿所的纸箱内。

玩具们到了阳光托儿所后以为来到了天堂，托儿所里有非常好的规划还有许多新朋友，且蝴蝶班的小朋友们非常爱惜玩具。托儿所里玩具的头头是一只有草莓味的玩偶熊，他很“友善”地向大家介绍幼儿园的环境，并将玩具们送到毛毛虫班，玩具们兴奋地期待能与小朋友一同玩乐，殊不知这些低龄的小朋友一抵达教室便是噩梦的开始，玩具们被拉扯、被吞食、被敲打、被肢解几乎天天上演。

巴斯无意间发现带领托儿所玩具的组织原来居心不良，玩具们人人自危。同时安迪发现珍藏的玩具被妈妈不小心丢弃了，正心急如焚地寻找。玩具们得知小主人安迪在寻找他们，即将一起展开史上最大规模的逃亡行动。玩具们能否成功回到小主人安迪的身边呢？你会在《玩具总动员 3》中找到答案。

而今，巴斯光年已不再是仅属于安迪的“礼物”，他成为一个除暴安良、打败索克天王、拯救银河系的太空英雄。

《星球大战》使迪士尼如虎添翼

太空激战，光剑对决。想象力突破天际，营造出光怪陆离的新世界，也铸就了乔治·卢卡斯四十载的辉煌传奇。

《星球大战》虽然讲述的是虚构世界的故事，但它对每个元素，大到宇宙黑洞，小至细菌病毒，都有非常详尽的介绍，会让你感觉这些元素都是真实存在的。

你是否知道《星球大战》的十佳赏金猎人是谁？十佳克隆人是谁？十大怪兽和十大反派是谁？

如果这些都难以满足你作为“星战迷”的求知欲，你可以到上海迪士尼“星球大战远征基地”去尽情沉醉于《星球大战》故事之中，一睹《星球大战：原力觉醒》中角色人物的风采。

“星球大战远征基地”游乐项目，源自迪士尼的电影作品，也是迪士尼联袂卢卡斯影业打造的一种文化的“嫁接”杰作。

迪士尼对其他具有社会影响力的文化产品历来就不是敌视的，相反会采用为我所用之技。由此，迪士尼的文化矩阵不断扩展，以适应不同消费者（游客）的文化需求。可以说，因为卢卡斯影业的加盟，使得迪士尼的科幻冒险打斗类的文化产品以及其衍生产品更为丰富。《星球大战》成为迪士尼麾下的文化“富矿”之后，迪士尼幻想工程师可以凭借这个新的题材，尽情去发掘、去创作、去衍生更多的故事。这就是迪士尼的高明之处。

而今的《星球大战》电影系列中充盈着人类、机器人、拟人机器人和毛茸茸、巨大的伍基人以及许多来自各星球的奇珍异兽。它讲述了关于阿纳金·天行者以及他儿子卢克·天行者这对父子之间的故事，展现了光明面与黑暗面之间无休止的战争。

这部电影本是出自卢卡斯之手。乔治·卢卡斯，美国著名导演、编剧、制片人，代表作为史诗级电影《星球大战》系列与《夺宝奇兵》系列，与弗朗西斯·科波拉、马丁·斯科塞斯、史蒂文·斯皮尔伯格并称好莱坞20世纪80年代四大导演，2004年荣获美国电影学院颁发的终身成就奖。1977年，初出茅庐的卢卡斯以非凡的艺术才华执导了影片《星球大战：新的希望》，该片赢得第50届奥斯卡金像奖的七项大奖，成为世界科幻电影史上具有里程碑意义的经典作品。

经典是如何炼成的？卢卡斯于1973年1月开始动笔编写《星球大战》剧本。卢卡斯起初只是浅尝辄止，创造出一些古怪的姓名并赋予人物以个性，虽然有很多被最终放弃，但还是有部分名字和地点出现在影片中，如卢克·天行者和汉·索罗等。他很快完成了仅有两页的故事大纲，而内容却与影片有着天壤之别。在被告知故事晦涩难懂后，卢卡斯开始重新构思，这次他大量借鉴了黑泽明的《暗堡里的三恶人》，由此奠定了好莱坞科幻经典《星球大战》的不朽地位。

从1977年卢卡斯将反抗军与银河帝国的故事搬上银幕开始，《星球大战》这部恢宏的太空史诗已让亿万粉丝为之着迷，其中的经典形象与台词也成了著名的文化符号。

在卢卡斯的《星球大战》笔下，故事跌宕起伏、引人入胜：

银河系中发生了叛乱，银河共和国被推翻了。以大莫金为最高统治者的银河帝国开始统治银河系里的所有的行星。银河帝国还建立了一个威力无比的死星，用来镇压反抗者。奥德朗行星的莉亚公主准备联系其他行星的人们共同起义，不料秘密被泄露，她在沙漠行星附近被帝国军俘虏。公主的机器人 R2 和 C3P0 也来到了沙漠行星。在青年卢克的帮助下，它们找到了吉迪族的老武士克诺比，而卢克为了给被帝国军杀害的亲人报仇，也决心和克诺比一起行动。卢克和克诺比一起搭乘梭罗船长运货飞船来到已被死星毁灭的奥德朗星球所在的星域，却被“死星”所俘虏。在机器人的帮助下，卢克等人和死星上的黑勋爵展开了殊死较量。他们最终用巧计救出了莉亚公主。但克诺比却在与黑勋爵的光剑决斗中不幸牺牲了。卢克保护着莉亚公主来到了反抗军的基地，并参加了反抗军对死星的总攻击。在克诺比教给他的“力”的帮助下，卢克终于击中了死星的弱点，摧毁了死星。经过战斗的洗礼，卢克已经成为一名出色的自由战士。

卢卡斯曾经在介绍小说《星球大战》时这样写道：

“1976 年 12 月，巴兰坦出版社出版了平装本小说《星球大战：来自卢克 · 天行者的冒险》。这本书取材于我的电影剧本，由艾伦 · 迪安 · 福斯特代笔撰写。书的封面是拉尔夫 · 麦夸里的早期概念插画。书的封底上用小字印着一段信息：20 世纪福克斯公司的一部场面壮观的动作电影马上就要上映了。《星球大战》电影刚上映时并没有大张旗鼓地宣传，而这部星战小说的最初版本的发行规模也不大。直到后来，当星战电影在影院大获成功之后，官方电影的‘搭售’版本才一下子卖出了数百万本，打破了销售记录。在某种程度上，这部星战电影的改编小说做到了我同样期待电影做到的事情——展现出一部壮丽的画卷，不一定能点燃全世界的激情，但足以激励我继续谱写这一传奇。令我高兴的是，星战的成功远远超出了我的预期。在这部星战电影改编小说的特别版即将发行之际，我再次全身心投入到星战传奇的新篇章的撰写之中。我产生了一种旧梦重温的感觉，因为这个全新的前传三部曲的框架，实际上就包含在本书前两页的楔子之中。我想，在返回起点重新开始的时候，我已经完成了一个完整的轮回。”

2012年迪士尼收购卢卡斯影业，迪士尼认为，其想象力、热情、视效以及一以贯之的讲故事能力皆是超凡的。这次联姻，将卢卡斯影业的电影资料库和迪士尼在平台、商业以及市场运作上独特且永不枯竭的创造力凝聚在一起，并为之带来长久的驱动力和效益。迪士尼看中《星球大战》续集并不断开发其衍生产品。

《星球大战》很大程度上促进了“漫画电影”的繁荣发展。它创造了一种媒体生态学，使得由科幻小说和漫画书改编的电影成为可能。“超人”作为第一个由漫画产业创造出的电影人物，他的出现着实表明了这一点，包括之后的蝙蝠侠系列电影……这些漫画电影产业链是可以无止境地、如同星球大战系列电影一般进行自我创新的。

提到星战小说，可谓佳作连连，《X翼》就是众多精彩星战小说中的一部。可见这类科幻小说对文学、对电影、对后人的影响之大。

《X翼》系列小说总共有10本，讲述了新共和国（包括后来的银河同盟）一群热血飞行员兼特工保家卫国、消灭帝国残余势力的故事。跟以往的星战小说不同，《X翼》系列不再聚焦于帝王将相、绝地西斯等银河系的“大人物”，而是讲述小人物的故事。在这套小说里，每位飞行员都是一个活生生的人。他们有自己的爱恨情仇，他们的亲情、友情、爱情让人感受到银河系几十年的动荡对所有人带来的巨大影响。通过对一场场激烈战斗、一次次生离死别和一段段战斗间隙的描写，这套小说把每个人物的性格和身世都刻画得栩栩如生。

迪士尼曾经这样总结道：“让故事和点子变得鲜活生动的最有效方式是什么？——创造视觉效果。”迪士尼与卢卡斯影业的合作，可谓珠联璧合。迪士尼乐园不仅有米奇、美妮，也有《星球大战》——这样的多元文化，这种文化巨人的强强联合，成为迪士尼成长史上的一个奇迹。

大白在迪士尼“重生”

大白——《超能陆战队》中当仁不让的男主角，一个大腹便便、皮肤净白、手感够好的充气机器人。他出自由漫威同名漫画改编、迪士尼制作发行的《超能陆战队》，绝对是史上最萌的超级英雄之一。

当你来到上海迪士尼乐园的“大白超酷活力秀”，同《超能陆战队》里人见人爱的医护机器人大白一起锻炼身体。大白会在“明日世界”的E空间·百事舞台等着大家来学习他的绝招“芥末无疆斩”和“神行弓步”。

你了解大白的前世今生吗？你知道大白是如何在迪士尼“重生”的吗？

《超能陆战队》是迪士尼与漫威联合出品的第一部动画电影，取材于在1998年开始连载的以日本为背景的同名动作科幻类漫画。

故事背景设定在一个融合了东西方文化（旧金山+东京）的虚构大都市旧京山中，故与以往的迪士尼作品有所不同，有着较为浓烈的东方韵味。影片显然是一部动画版的超能英雄大片，也再次印证迪士尼越来越成人化的倾向。情节上有萌点也有笑点，每一幕都调动着观众的情绪，或喜或悲，几个高潮点表现得都很精彩，节奏淋漓畅快，也有感人至深的情节。

《超能陆战队》讲述了这样一个故事：在融合东西方文化的旧京山中，处处彰显着高科技的魅力。然而，一位精通机器人技术的14岁小神童阿宏发现，这座充斥高新技术的城市正遭遇着一场犯罪危机，为了拆穿阴谋拯救家园，他将携伙伴机器人大白，组成“超能陆战队”联盟，展开一场正义与邪恶的较量……

大白，这只超大号充气机器人实际上是个医疗伴侣：只要一次简单的扫描，大白就能够检测出生命指数，并且根据病人的疼痛程度治疗几乎所有的疾病。对小宏来说，无微不至、天真无邪的大白是个英雄，更是自己最好的朋友。经过火箭拳套、红色铠甲等一系列精巧改造后，大白成了“超能陆战队”的一员大将。

迪士尼对日漫风格的处理，有着他们自身的独特理解和诠释。作为《超能陆战队》的绝对男一号，这位体型极胖但重量极轻的充气机器人——大白，可分分钟化身作战模式，脚踏火箭推进器，手戴火箭拳套，能文能武，进能打怪逞英雄，退能居家当护士。

这个萌萌的白胖子竟然是盛产超级英雄的漫威公司的亲儿子？没错，或许正是由于原著的小众，以及相对超级英雄系列来说不够庞大的背景设定，才使得迪士尼可以尽情放开想象力重塑故事。虽然迪士尼此次改编力度颇大，故事情节、人物设计、画风都盖上了童趣温情、阖家幸福的印记，但漫威系列工业化的成熟体系却被最大限度地留存下来：动作戏份尤其是技能设定上的承袭、无处不在的超级英雄。不得不说，迪士尼确实是个“改编”各种文化的“高手”。

当日漫遇上迪士尼及漫威时，又能擦出怎样的火花呢？本片的最大创新之处是它既显示出东西方文化的融合，亦有日漫、美漫的共同优势。更有意思的是，《超能陆战队》里还埋藏了许多不为人知的小秘密。

“大白”的设计灵感是什么？影片中最萌最可爱的人物大白，表面由柔软透明的乙烯基塑料包裹，是可充气的医护机器人。那么，它是怎样诞生的呢？据了解，在收集素材的过程中，导演和美术设计部门曾拜访过卡内基梅隆大学的机器人实验室，见到了一个由国防高等研究计划署资助的研究团队所制造的软体医疗机器人，这给创作组带来很多的灵感。在西方文化中，高科技、人工智能总是或多或少代表反派，比如像《终结者》里电脑和机械战士要统治全球，但这在日本却是完全相反的——高科技是通往美好未来的方法和道路，也是贯穿这部电影的精神。因此在创作这个机器人时，制作团队也融合了很多日本文化，其中大白那圆滚滚的肚子就来自宫崎骏的龙猫造型，而头部则受到日式传统风铃的启发，肢体动作则模仿了企鹅幼仔。

这部由迪士尼出品、《冰雪奇缘》原班人马打造的动画片《超能陆战队》，最令人津津乐道的是，影片虽然取材于日本漫画，但严格来说，《超能陆战队》并不是改编自漫画，而是由漫画“启发”，电影只是沿用了一些漫画主角的名字而已。漫画《超能陆战队》出版于 1998 年，是史蒂文·西格尔和邓肯·儒勒在闲暇时创作的，总共只有 10 期，在漫画界默默无闻，后由漫威同名漫画改编，故事背景和角色属性都是全新构造的。最终，原汁原味的美漫风格与迪士尼的温馨幽默在《超能陆战队》中得到完美结合。这就是迪士尼的一种改编故事的手法，也是迪士尼成熟的商业文化。

迪士尼的强大影响力让人不容小觑。据资料介绍，《银河护卫队》原本只是一部十分冷门的漫画作品，但经过漫威电影的改编之后，引爆了全球电影票房。《超能陆战队》的原版漫画与《银河护卫队》有着异曲同工之妙，虽然主人公早在1998年就已担当起拯救旧金山的重任，可直到影片正式上映后，《超能陆战队》的名号才被广为熟知。这就是迪士尼品牌的文化影响力所在。

另外，迪士尼对文化的理解也比旁人更胜一筹，他们在不停地寻找新的项目时，注重“与众不同”。“我们需要的故事一定要与众不同，一定是我们之前从未见过的新鲜事物”，《超能陆战队》导演谈到他为何选择《超能陆战队》时如是说。

当然，迪士尼在吸收其他文化时，讲究为我所用，不落俗套。所以，迪士尼并不想重复“人工智能引发灾难”的俗套情节，而想纠正大众关于“技术是敌人”的思维误区。这就是《超能陆战队》在创新之路上的不同凡响之处。

迪士尼与漫威珠联璧合，使《超能陆战队》获得越来越多人的喜爱，而随着大白进入迪士尼乐园，相信这部影片将会给观众带来无限的惊喜。

大白，就是这样在迪士尼“重生”并成为“万人迷”的。

同漫威英雄零距离接触

在上海迪士尼“漫威英雄总部”，你可以与自己喜爱的漫威超级英雄以及他们的超级动力高科技装备零距离接触。

在漫威的神奇世界中，各代全套钢铁侠装备一应俱全，你仿佛置身于托尼·斯塔克的装甲展厅，可见到勇猛的美国队长、蜘蛛侠、钢铁侠、雷神等身影……

漫威（Marvel）是美国与DC漫画公司齐名的漫画巨头，始建于1939年。2009年12月31日，迪士尼公司对其完成了收购，从而获得了蜘蛛侠、钢铁侠以及其他5 000多个漫画角色的所有权。

漫威英雄的故事自20世纪30年代马丁·古德曼将其引入漫画行业后，漫威就开始了近80年的故事接龙。在这个漫长的故事中，漫威成功打造出了一个具有超强场效应的宇宙系统。蜘蛛侠、钢铁侠、绿巨人、美国队长、奇异博士等数千位超级英雄在这个宇宙中真切地“活着”，成为众多粉丝的心灵寄托。

宇宙有秩序才能存在下去。在无所不能的英雄背后，总燃烧着矛盾之焰。漫威的管理者不但要维持漫威宇宙自身的统一，还要时刻去弥合创造者之间的纷争。这一切都会随着漫威宇宙的扩张而愈发严峻，最终压垮每一个当权者。漫威就像一艘载满黄金的木船，随着市场大潮而上下起伏，并时刻面临着因自重而倾覆以及被外星人打劫的风险。

自古德曼创建漫威时，他就意识到在漫画之外的机会。然而，由于缺乏评估工具以及开发手段，他只是草率地用这些东西换回了一些零花钱。随着粉丝基数的不断扩展，随着娱乐形式更加多样化，随着跨界技术和体验的飞跃，漫威宇宙的潜能开始受到人们的瞩目。一批又一批的资本大亨，闯入这个极端狭小的行业，企图引爆漫威宇宙的跨界能量。漫威自身也在一次次碰壁中，进化着自己泛娱乐化的开发经验。

当在摸爬滚打中逐渐成熟的漫威与IP传统霸主——迪士尼联手后，一场席卷全球的“票房风暴”让所有人感受到了漫威宇宙的超强能量。在艳羡漫威拥有无尽资源的同时，返回它的起点，聆听其一路走来的经验教训，无疑对所有人来说都是一件很有价值的事。

尽管人们都在讨论漫威那些让人津津乐道的英雄人物，但其真正独到之处却绝非这一点。漫威成功塑造了一个浩瀚宏大、能彻底包裹受众的宇宙体系。所有超级英雄都共存于这个宇宙之中，而脱离这个宇宙的英雄就会失去能量之源，最终湮灭在历史长河中。

漫威创造的这些丰富多彩且充满个性色彩的人物，如神奇四侠、蜘蛛侠、绿巨人、雷神托尔、钢铁侠和奇异博士等，为名为“漫威宇宙”的虚构世界打下了完备的基础。从此，所有英雄冒险故事都错综复杂地交织在了一起。没过多久，这个迅速膨胀的世界又迎来了诸如X战警和夜魔侠这样的成员，之后更涌现出了黑寡妇、鹰眼、银影侠等数不胜数的新角色。

最令人难忘的英雄有：

1. 美国队长。美国队长是创作于第二次世界大战时代的老牌英雄，是最著名的反法西斯斗士之一。他本是瘦弱的青年史蒂夫·罗杰斯，后来接受了超级士兵改造手术，成为唯一成功的实验品，身体各项素质达到人类极限。他没有真正的超能力，虽然使用着坚不可摧的特制盾牌，但他最大的武器当属勇气、毅力和爱国精神。第二次世界大战结束前夕他掉入冰海中奇迹休眠，几十年后才被现代英雄找到。苏醒的罗杰斯继续为了正义而战，但当代世界已经不像昔日那样善恶分明，他也不时被人们视为落后于时代的“活化石”，成为漫威少数近乎“道德完人”的英雄之一。

2. 钢铁侠。开发军火起家的百万富翁花花公子托尼·史塔克，经历生死考验后决心把聪明才智用在造福人类上。他为自己设计了一系列的高科技装甲，成为当时最受瞩目的英雄之一。斯塔克精明风趣、过着令人羡慕的潇洒生活，但他同时也面临着身体和精神上的巨大压力。虽然事业有成，遨游政经军界，却也历经多次重伤、破产、黑化、被控诉。他为世界和平和整个超级英雄事业作出过不可磨灭的贡献，又因为自信过甚试图控制其他超人类，而几乎身败名裂。他就是如此一个聪明、正直而又冲动、彷徨的商人，但其英雄本质仍然不会被磨灭。

3. 雷神。雷神托尔来自现实中的北欧神话，漫威对其身份进行了一些现代性的设计，在保留神话色彩的同时，把他连同全世界几十个古代神话体系引入漫画时空。托尔是神界最强大、最有英雄气概的成员之一，最初由于高傲而被贬到凡间，此后逐渐与人类为友，与各种恶势力抗争。他虽然是神，但不是全能的，也要面对形形色色的困境：与世俗规则的互不理解，与神族同胞的种种分歧，与宇宙更高势力的抗争……作为一个超凡而又漫步凡间的英雄，他将继续在漫威世界呼风唤雨。

漫威的编剧和画师，他们几十年来的创作要么开创全新的主题，要么就延续已有的故事。漫威宇宙就如同一个滚动的雪球，将这一切都吸纳进来，并成长为最错综复杂的虚构故事体系，囊括成千上万个相互关联的角色和插曲。对于连续几代的读者和观众而言，漫威已经成了现代世界的一大神话。

从漫画到动画，再到冒险、科幻电影，漫威英雄的故事层出不穷、深入人心，迪士尼幻想工程师从中获得灵感，在上海迪士尼设置了漫威主题的游乐项目——“漫威英雄总部”，它不仅为游客带来了看得见摸得着的英雄形象，而且成了这些漫威英雄生生不息的文化之源。两者的结合，相得益彰。

史迪奇走下银幕来相会

史迪奇是谁呀？他有着一副十分古怪的长相，是满口利牙、背有倒刺的六脚怪物。这个小家伙外形像狗，蓝色的身材，他的大耳朵上面还有个缺口，模样丑陋。这个代号 626 号淘气的卡通外星人，是如何将银河联邦搅得天翻地覆的？在迪士尼乐园里，游客可以静心坐下来，同史迪奇来一场面对面的畅谈。看来这个人见人爱的蓝色星际小怪物很乐意结交新朋友，他会与你聊天、讲笑话、玩游戏。

2001 年，《星际宝贝》推出后大受欢迎。

影片讲述了史迪奇这个蓝颜色的小怪物，外形像狗，龇牙咧嘴，面目可憎，却拥有极强的力量和极迅速的思维能力。他出于邪恶的目的而被强霸博士创造，最终被流放。谁知他破坏了关押他的飞船，逃到了地球上。为求得生存，史迪奇伪装成了流浪狗，并被一个叫莉萝的夏威夷小女孩收养，也获得了“史迪奇”这个名字。结果，在与莉萝相处的日子，他野性渐渐被收敛，变得真诚又忠实，成为莉萝一家的重要伙伴。

这部影片突破了迪士尼一贯的传统风格，追求返璞归真，是一部在许多方面力图创新、努力改变的另类作品。尤其是故事主角一改以往迪士尼讨巧美好的人物形象，而演变成了一个不折不扣的“坏蛋”。这是迪士尼第一部以怪物为主角的动画。

《星际宝贝》体现了迪士尼求新求变的思想，引进了诸多科幻的元素。影片的画面并未采用现在流行的三维动画制作，而改用二维的水彩画风，还原了动画片原始的风格。整个故事画面的特色非常明显，海滩、冲浪、酒会、歌舞等。一切都充溢着浓浓的夏威夷风情。再加上点迪士尼有趣的搞笑小技巧，可看性就更强了。据说，导演曾经考虑将史迪奇的故事背景设定在人迹罕至的堪萨斯，但在夏威夷旅游后他意识到这个偏居一隅的岛屿，才是最合适的故事发生地。影片并非迪士尼最经典的作品，但颇具触动人心的教育意义，正因为萝莉对家人的情深义重，才使史迪奇从最初的破坏性编程中解脱出来，并获得了人生中最珍贵的礼物——家人。这就是《星际宝贝》的成功之处。

后来，迪士尼又继续推出一系列由本片衍生的电视剧集，叙述在史迪奇这个“626号实验品”之前，强霸博士已有好几个失败的实验产物，如今强霸居然把这些实验产物全都偷偷走私到地球。心怀不轨的越狱者仓鼠飞轮和被开除而怀恨在心的钢图舰长联手，绑架了强霸博士，并且要去寻回之前的625个实验品，再次创造出全新的小魔星。这些稀奇古怪的星际宝贝实验品包括能发出强力电波的第221号实验品、懒惰但却能做出美味三明治的第625号实验品等。如今，莉萝和史迪奇协助星际联盟，开始在夏威夷群岛作地毯式搜索，要抢在坏蛋前找到625个实验品，并且还要帮这些星际宝贝找到各自温暖的家。

迪士尼以影视剧为蓝本，奇思妙想，将其复制到迪士尼乐园里，形成了一个老少皆宜的游乐项目。

在香港迪士尼里，“幸会史迪奇”带你走进星际联盟的世界，继夏威夷之旅后，他将与莉萝一起展开全新的太空冒险之旅。

这里有来自外层空间的表演，史迪奇会在太空交通控制中心内，和你进行15分钟的互动交流表演，一起谈天说地、尽情嬉戏。

欢迎来到宇宙闻名的银河系宇宙飞船交通监测站——“明日世界”的“太空交通控制中心”。你将会看到这里到处贴满了太空通缉犯的通缉令，请好好记住他们，他们全都是银河系里最邪恶的基因实验生物，大家一定要小心。接下来，你便可以到巨型发光屏幕前就座，静待演出开始。

“幸会史迪奇”采用了最先进的动画和数码互动影院技术，是大人和小朋友均适合欣赏、风格独特的即兴娱乐节目。由于大部分对话为即兴创作，内容绝无重复，你如果觉得一次游览不过瘾，还可再度入场观赏。

在东京迪士尼乐园，设在“明日乐园”的“史迪奇实况转播中心”于2015年7月17日开放，可供来访者通过场内的大型屏幕与史迪奇实时交流。欢迎你与亲朋好友一同来此，与小调皮史迪奇共享一段妙趣横生、惊喜连连的时光。

在上海迪士尼，同样可以见到史迪奇这个蓝色小怪物的身影。如果你想和他成为好朋友，这可不是黄粱美梦哦！快去“太空幸会史迪奇”去寻找他吧！

加勒比海盗的“迪士尼密码”

“加勒比海盗——沉落宝藏之战”是上海迪士尼乐园的室内乘船漂流历险的游乐项目。游客将在杰克船长的带领下、在欢乐冒险中偷走戴维·琼斯船长最珍贵的宝藏。这处游乐项目完美结合了迪士尼故事和尖端技术，配以独具特色的三块巨型多媒体穹顶，使其成功展现栩栩如生的人物、剧院级的布景以及复杂的光影效果。

该景点约 16 258 平方米的空间里充斥着以大量椽条搭建而成的投影屏幕，各个巨型场景无缝连接。庞大的投影屏幕规模和从未在其他主题乐园中使用过的先进科技为体验该景点的游客创造出蔚为壮观的场景。同时，该景点首次采用了安全可控的全新驾乘系统，让海盗船能够旋转、侧驶甚至逆行。游客们将畅游海面甚至潜入海底展开一场生动的航海大冒险，还可在历险中遇到勇敢无畏的海盗、美人鱼及北海巨妖。

游客坐着“小艇”畅游“加勒比海”，那里真实还原了电影《加勒比海盗》中的经典场景。当宝藏、沉船映入眼帘的时候，一道“闪电”击中一具骷髅，这具骷髅立刻化身为杰克船长，他能说能动、活灵活现，带人们进入找寻宝藏的旅程。海盗船在水面上航行，时而前行，时而后退，一张巨幕呈现在眼前，高度还原的海战炮火、震撼至极的惊涛骇浪……人们仿佛真的进入了海盗的世界，自己就像是黑珍珠号的一员，身临其境，有 360 度空间感，一点都不会脱戏。

和杰克船长一起展开的冒险之旅，无论是从海底升到海面上，还是两船开炮，或是进入船体内部，都做得十分逼真，配合声效、灯光以及船体的转动，场面非常震撼。

2017 年 2 月上海迪士尼乐园标志性的景点之一“加勒比海盗——沉落宝藏之战”荣膺美国视觉效果协会（VES）颁发的“特殊项目最佳视觉效果奖”。

“加勒比海盗”，早在 20 世纪 60 年代最先出现在美国洛杉矶迪士尼，是其中一个游乐项目及景点。游客可以乘坐在水上漂流的机动船，进入室内看不同的布景。电影则是根据这个景点而制作的。

这部电影也是迪士尼出品的。本片是由迪士尼乐园中的游乐项目“加勒比海盗”衍生而来，也是迪士尼继《草地英雄》后又一部移植游乐项目的作品。早在 20 世纪 60 年代，迪士尼就打起了“加勒比海盗”的念头，这次终于改编成一个带有神话色彩的海盗传说，搬上了大银幕。

目前已出品的《加勒比海盗》系列电影包括《加勒比海盗 1：黑珍珠号的诅咒》《加勒比海盗 2：聚魂棺》《加勒比海盗 3：世界的尽头》《加勒比海盗 4：惊涛怪浪》以及《加勒比海盗 5：死无对证》共 5 部。

《加勒比海盗》系列从这样一个故事开始：

在 17 世纪，杰克·斯派洛是个加勒比沿海小镇子上不务正业的小痞子，别看他眼下混得这么惨，当初，他也曾经是一位驾着自己的爱船，率领着众多喽啰纵横海上劫富济贫的侠盗。可惜一个不小心，杰克中了坏蛋船长巴博萨的阴谋，心爱的海盗船“黑珍珠号”被抢走。这让从小立志成为一名出色海盗的杰克倍受打击，心灰意冷的他干脆流落到这个不起眼的小镇子上混起了日子。

某天，当地地方官的漂亮动人却又野性难驯的女儿伊丽莎白被突然冒出来的巴博萨船长及海盗劫走了。原来，巴博萨自从从杰克手里抢走了“黑珍珠号”以后，他和手下人就全部中了一个古老的诅咒，每当有月光照在他们身上时，他们就会变成半人半鬼的骷髅。当海盗再逍遥再自在，背着这么个诅咒过一辈子也郁闷痛苦。恰就在这时，巴博萨船长偶然看到了伊丽莎白身上佩带的一个徽章，根据书上记载，它似乎正是解除这个咒语的宝物。于是他一不做二不休，索性连人带东西一起掠上船带走。

伊丽莎白被海盗抢走了。这个消息可急坏了和伊丽莎白青梅竹马的威尔·特纳，万般无奈之下，他只得求助于有过海盗背景的杰克。当杰克知道抢走伊丽莎白的正是和他不共戴天的巴博萨船长时，他立刻答应和威尔一起追踪“黑珍珠号”，为了“救美”，更为了夺回自己的爱船。于是两人跑去偷了一艘号称是英国舰队最快的帆船，升帆扬旗，和巴博萨船长在美丽而危险的加勒比海上展开了一场惊心动魄的追逐。

《加勒比海盗》是一个精彩的系列故事。有故事才有感染力，有故事才有灵魂。永恒的故事总是给人们带来欢乐和启迪。

因为迪士尼乐园的一个游乐项目，逐步衍生出一个海盗题材的系列电影。这大概只有迪士尼有这样“脑洞大开”的奇思妙想，能够编出这样富有迪士尼精神的故事，也恰恰通过这个故事，传递了一种迪士尼文化。迪士尼文化，就是将全球文化与本土化相结合，既保留异域风味，又为它注入美国文化元素，从各种不同的背景和文化中寻找新的故事。该片的制片人这样评价道："我觉得我们将侠盗片这一电影类型提升到了一个新的高度。"

加勒比海盗来到了上海迪士尼乐园，我们可以在观看《加勒比海盗》之余，去迪士尼乐园体验一把当"海盗"的刺激感。上海迪士尼里的宝藏湾是迪士尼幻想工程师的最新创意，隐藏着许许多多的"迪士尼文化密码"，可以想象：《加勒比海盗》新的续集，大概又会如出一辙地吸纳"宝藏湾"的元素，又会编出新的故事来。

残骸里的“海盗文化”

在上海迪士尼乐园“宝藏湾”主题园区的一艘海盗船残骸中，你可以探索戏水，感受互动乐趣。在“船奇戏水滩”，你将发现许多不可思议的奇幻戏水项目，更有神秘环形石，为魔幻喷泉注入源源不断的力量。一道道流淌的水柱组成的魔法竖琴，孩子们可拨弄弹奏；周围水雾轻飘，随着弹奏的节奏变幻。在华丽精致的船尾，小海盗们可以升降海盗旗、扮演船长掌舵、透过小望远镜探望，或者滑下滑梯，穿过船体的内部，一瞥遗失已久的宝藏和废弃的海盗装备。

游客告别昔日海盗船，收获更多欢乐。这里更是为小游客一手打造的戏水游乐天堂。

根据宝藏湾传说，早期殖民者的两个小孩有一天在沙滩上玩耍时，发现了一艘法国海盗船残骸。船的甲板、索具和方向盘完好无损。于是，这对好朋友决定把这里叫作“船奇戏水滩”，这艘只露出一半船身的“威武法兰西号”残骸和周围的区域，成了他们的秘密海盗游戏基地。他们总是到这里玩耍，不断想出新的游戏和项目，让这片小天地的冒险越来越有吸引力。日积月累，他们打造出了一个妙趣横生的儿童游乐天堂。时至今日，孩子们依然喜欢在此探险，扮演海盗，体验无尽乐趣。

迪士尼为何在宝藏湾主题园区打造独一无二的游乐项目，而且都与海盗及海盗文化密切相关？这是因为，海盗文化虽离我们渐行渐远，比较陌生，但迪士尼影片《加勒比海盗》系列在电影市场上大获全胜，吸引了众多潜在的迪士尼乐园游客。于是，迪士尼在海盗文化上尽显十八般武艺，创造出一个令人叹为观止的“海盗世界”。这就是海盗文化的“古为今用”，也是迪士尼的看家本领之一。

在世界史上，海盗文化曾经一度辉煌灿烂过。

根据记载，自打航海业诞生之日起，“海上劫掠”这一行当就应运而生了。当时，这只是一个谋生的职业，仅仅是为了生存——劫到一艘船就有饭吃，就能发财，因此很多人都争着去抢劫了。史称，波里克拉特·萨莫斯基成为有史以来第一个名扬天下的海盗，他于公元前 6 世纪在地中海一带横行，令腓尼基商人闻风丧胆，如避瘟神。300 年后，伊利里亚人的首领斯库塔里组建了真正意义上的海盗组织，并切断了爱琴海和亚得里亚海上的商贸往来。到了 9 世纪，北欧的诺曼人成为实力雄厚的海盗，他们也叫维京人。维京人很快控制了从挪威北角到直布罗陀海峡的全部海岸线，攻克了西西里岛和那不勒斯，直逼君士坦丁堡。维京人一直横行到 11 世纪，然后留在被抢劫地，接受当地文化的浸透，慢慢地被当地人同化了。维京时代后期，也就是 11 世纪时，波罗的海出现了由斯拉夫人纠集而成的海盗团伙。他们胡作非为，称自己为“上帝之友，世俗之敌”。接着，哥伦布发现了一片新大陆，这引来了一群分食美洲的“饿狼”。1535—1560 年间，西班牙人从美洲掠走的金银财宝数量惊人。法国的海盗也开始在海上出没，袭击西班牙船只。1701—1713 年间，英国和法国一直在战斗，最终在新大陆站稳了脚跟，不再需要利用海盗来开疆辟土了。于是，海上冒险家们风流云散，逃到太平洋或印度洋，继续苟延残喘了近一百年。到了 18 世纪中期，海盗突然变得更有组织性。他们送钱给政府，要求政府允许他们抢劫敌国的商船。但是按照与政府签下的条约，海盗们抢来的财物有一部分要上缴国库。官盗勾结，海盗实际上变成合法的水兵，他们再也不用担心被捕后会绞死在船桅上了。

海盗曾经就是这样一种职业，也形成其独特的海盗文化。它伴随历史应运而生，是人类历史上罪恶的产物。

历史是无情的。但是，历史是不容忘却的。其实，在上海迪士尼乐园里，我们从“在残骸里去体验海盗文化”的主题中便可见迪士尼对文化价值的追求。迪士尼乐园的核心是创造游客沉浸式体验，打造难以忘怀的美好回忆，所有看过迪士尼电影的人们都希望有机会亲临其境，而迪士尼乐园的主旨，就是让游客暂时逃离日常生活的压力，进入美妙的童话世界。

从《金银岛》看杰克船长

上海迪士尼乐园的宝藏湾，杰克船长是个主角。在“凡迭戈剧院”，30分钟的《风暴来临：杰克船长之惊天特技大冒险》正在上演，当真正的杰克船长发现有位演员在舞台上扮演他时，他立誓要让这位冒名顶替者以及在座的观众见识一下真正的海盗究竟有多大的本事。但是杰克船长一露面，就引起了英国皇家海军的注意，他们在舞台上发起猛攻，展开了追捕。全场很快陷入一片令人捧腹的混乱之中。海盗、水手和演员们在舞台上激烈厮杀，以惊人特技上演英勇决斗。舞台上的杰克船长，历史上究竟是否有这个人物呢？

2003年，热门电影系列《加勒比海盗》的第一部诞生，由约翰尼·德普扮演杰克船长。系列中的另外三部也在之后几年内陆续面世，系列电影的第五部于2017年上映。

虽然，《加勒比海盗》的诞生源自迪士尼乐园的加勒比海盗游乐项目，但它也并非凭空而想，这不得不提到一部名著——《金银岛》。虽然，《加勒比海盗》讲的不是金银岛上的海盗传奇故事，不过，是否受之启迪？我们不得而知。但不妨去重温《金银岛》的故事。

这位作者叫罗伯特·路易斯·史蒂文森，英国著名小说家、诗人，英国新浪漫主义文学代表作家之一。1850年出生于苏格兰的爱丁堡，从小爱好文学，富于幻想。成年后，放弃了律师职业，专门从事写作。史蒂文森很早就染上结核病，一生与海绝缘，可是他却创作了许多与海盗和冒险有关的小说，此外另有多部游记。其作品题材繁多，构思精巧，探险小说和惊险小说更是富于独创性和戏剧性力量，对20世纪现代主义文学影响巨大。代表作品有《金银岛》《化身博士》《内河航程》等。早期他到处游历，为其创作积累了资源，后期致力于小说创作，取得了极高的成就，其作品风格独特多变，对20世纪现代主义文学影响巨大。到了20世纪中期，评论家对其作品进行了新的评价，开始审视史蒂文森而且将他的作品放入西方经典中，并将他列为19世纪最伟大的作家之一。

《金银岛》是史蒂文森的成名作，也是他最畅销的小说之一。作为全世界流传最广的一部海盗探险小说，《金银岛》自问世以来，就被译成各国文字广泛流传，也曾多次被改编成电影、电视，影响十分深远。

《金银岛》讲述的是18世纪中期英国少年吉姆从垂危水手彭斯手中得到传说中的藏宝图，在当地乡绅支援下组织探险队前往金银岛的故事。海盗头子约翰应征船上厨师，一群手下也上船充当水手。到达金银岛时，吉姆遇到在荒岛上放荒三年的水手葛恩，而约翰·西尔弗则发动叛变占据帆船。最终吉姆一行人与戈恩合作对付海盗，平息了叛变并成功取得宝藏。读完全书，你会发现，指引他们找到巨大宝藏的不是狡诈和暴力，甚至不是那张藏宝图，而是一颗善良、正直、勇敢而机智的心。作者斯蒂文森说：“这是一个给男孩们读的故事。”

在作者的笔下：故事的主人公吉姆，是一个10岁大的小男孩，吉姆的父母在黑山海湾旁经营一家旅馆名为“本鲍上将”。有一天，旅馆来了一位脸上带着刀疤、身材高大结实、非常引人注目的客人，原来他就是比尔船长。

吉姆非常喜欢听比尔船长讲故事，那些听起来挺吓人的经历，像是罪犯被处以绞刑、海盗双手被绑而且蒙眼走跳板、突如其来的海上大风暴、遍地骨骸的西班牙海盗巢穴等，每次都让吉姆又爱又怕，也让宁静的小镇增添了不少新鲜刺激的话题。

没多久，比尔船长因为饮酒过量加上受到惊吓而死在旅馆中，吉姆无意间发现比尔身上带着的一张藏宝图，那是海盗普林特船长所遗留下的，于是，吉姆和一群人的金银岛寻宝的故事就此展开。

能充分激发起读者想象力和冒险心的扣人心弦的故事情节是《金银岛》能够在世界文坛上经久不衰的是重要的原因。此外，具有鲜明个性的人物也为这部作品注入了活力。深思熟虑的随船医生李甫西，让人信得过却又有点顽固的船长斯摩莱特、能言善辩的特利劳尼乡绅、海盗头子约翰·西尔弗、舵手汉兹、被放逐在荒岛上三年、为自己所犯的错误后悔不已的本·葛恩等人物的个性都被展现得淋漓尽致。吉姆在这次航海中遇到了形形色色的人物，经历了各种各样的冒险，并用他的勇气和智慧战胜了重重困难。这一经历使他加深了对人生的理解，获得了许多难能可贵的东西。走出吉姆的冒险之旅，我们可以尽情地和自由翱翔于幻想世纪中的快感。

惊涛骇浪中，到底吉姆一行人最后有没有找到传闻中那座遍地满是黄金宝藏的金银岛呢？他们又是否能平安地带着宝物归来呢？而独脚水手西尔弗又会在紧要关头使出什么阴谋诡计呢？

充满冒险乐趣、惊心动魄、精彩生动的金银岛，绝对让你有高潮迭起、意想不到的深刻体验！

史蒂文森的《金银岛》对后世的影响也非常大，《金银岛》在好莱坞已经被数次改拍成电影电视，依旧十分受欢迎。可以这么说：如果说中国的孩子是向往着孙悟空长大的，那么美国的孩子就是看着《金银岛》长大的，《金银岛》可算是有史以来最好看的海盗小说。

《加勒比海盗》本是迪士尼编出的系列故事，杰克船长也是其虚构塑造的人物。但为什么能如此长盛不衰？“……用一个引人入胜的故事诱导听众上钩。在任何情况下，讲故事都是兜售任何点子的最佳方式。”这是迪士尼幻想工程师谢尔曼的肺腑之言。

可见，杰克船长无非就是一个迪士尼故事的“主角”而已……

在独木舟上追寻历史传说

迪士尼幻想工程师要让游客去“当一回孩子”！在上海迪士尼有场刺激有趣的独木舟探索之旅——“探险家独木舟”。游客拿起船桨，划着独木舟去探索嶙峋崎岖的海岸基地——这个海盗、移民者和当地人都称之为“家”的地方。游客将踏上不可思议的探索之旅，探秘海盗船残骸、藏宝洞、种植园险恶的丛林。而饱览无限风光的最佳途径就是乘坐“舭鼠比尔”经营的独木舟。当游客们一边划船，一边欣赏令人难忘的美景，沉醉于返璞归真的乐趣之中时，仿佛真的成为一个“孩子”了。

迪士尼幻想工程历年来推出多种创新游乐设施，独木舟之旅一直是最受欢迎的游乐项目之一。

千年以来，世界各地部落的原住民使用树干、芦苇或兽皮制成类似独木舟的船只。这些船只都是在江河湖海中打猎、捕鱼和运输的重要工具。

北美原住民部落习惯将树干挖空，制成独木舟，“探险家独木舟”就是以其为模型设计建造的。相较体积和深度都较大的船只，独木舟更轻便、更容易操作，同时提供了存放物资的空间。欧洲殖民者探索“新大陆”时，很快发现了独木舟的优势。

由此，迪士尼分别在洛杉矶迪士尼乐园开设了“大卫·克洛科特探险家独木舟”，在东京迪士尼乐园开设了“海狸兄弟探险家独木舟”。至此，这两项游乐项目风靡数十年，热度丝毫不减。

说起“大卫·克洛科特探险家独木舟”，其实，它的名字起源于电影《荒野猎人》，该片讲述了一名19世纪的皮草猎人休·格拉斯在丛林中遭遇黑熊攻击并奇迹般生还的故事。作为皮毛猎人的爱尔兰裔美国人格拉斯与大卫·克洛科特并称为19世纪美国著名的狩猎者。

东京迪士尼的“海狸兄弟独木舟历险”游乐项目，乍一看，它有点像我们的划龙舟，但其周围的环境则营造出一种难以比拟的氛围，由此，大大增加了娱乐性和现场感。首先，你可以根据自己的身高和力量来选择一种适宜的木浆，这里一共有大大小小4种木浆。那独木舟，并非一根光秃秃的独木，而是一种两头高高翘起的木船，吃水浅很平稳，更适合于浅滩小河里行走。游客们坐上独木舟，沿着美国河勇敢去探险；与伙伴们齐心协力，用自己的力量划动探险之舟。划着划着，倘若是谁喊“划不动了”，那恐怕连一旁的动物们都会笑话你了。其实，在这里享受一下众人拾柴火焰高的合力，还是蛮有趣的。

迪士尼在追捧现代科学技术的游乐项目之外，依然不忘那些返璞归真的游乐项目。这恐怕也是迪士尼对文化的一种偏爱和追求。游客中年龄、文化背景、个人喜好等不同，需求不同，迪士尼都能为其提供合适的游乐项目。这就是迪士尼的包容性所在、成功之道所在。

独木舟，虽然简朴但历史悠久。还是在遥远的古代，人们发现，树叶、树干在水里会漂浮。又发现，树叶能负荷的重量很小，树干能负荷的重量就大；树干越粗大，其所能承受的重量也越大。人们还发现，圆柱形的树干在水里不稳定，会翻滚，人在上面坐立不稳，根本无法在这种圆柱形树干上面活动。就这样，人们就用石斧、石锛、锸等工具，将圆圆的树干削平。后来，人们发现用火比石斧加工木材更为方便，于是将树干上不需要挖掉的地方都涂上厚厚的湿泥巴，然后用火烧掉要挖去的部分。这样被烧的部分就被烧成一层炭，再用石斧砍，就比较容易了。独木舟就是这样制造成功的。

据资料显示，原始的独木舟在世界许多地方被发现过。独木舟是人类祖先在原始社会就已广泛使用于渔猎和运输的水上交通工具。

前些年在英国约克郡一个沼泽里，人们发掘出了一支公元前7 500年的木桨。这支桨是用来划一种中间掏空的独木舟的；荷兰发现了一只类似的独木舟，其制作年代约为公元前6 300年；在英国发现的一只独木舟，长达16米，宽1.5米，这些文物已有5 000—9 000年的历史。另外，埃及、印度等地都发现过考古证据，至今非洲及美洲印第安人的一些部落还在按照古法制作独木舟。

而今，游客可以在上海迪士尼里去独木舟上追思先人的智慧和文化遗产，去尽情玩耍……

揭开“雷鸣山”的文明密码

“雷鸣山”，虽然完全是迪士尼杜撰的故事，但却叫人深信不疑……

游客可以在上海迪士尼加入漂筏探险队，深入探索远古传奇……但要小心前方的危险。前往探索探险岛的最高峰——会发出令人生畏的轰鸣声的“雷鸣山”。

这里是迪士尼幻想工程师创造的探险类游乐项目——雷鸣山漂流。迪士尼还自圆其说：亚柏栎族认为魁拉——一种神秘爬行巨兽栖身于此。但是这个不可思议的传说是真的吗？探险家们已经在这里出土了一些令人神往的遗迹，并找到隐蔽的小道。这片无人涉足的水域正在进行一场危机四伏的水上之旅。

登上漂筏，从下游出发，前往贝塔考古营。但是当心！一棵倒下的大树挡住了去路，并把激流引向了另外一个方向——直接通向山间！在山洞里，激流将推向这个暴怒的巨兽，怒吼声震耳欲聋。在黑暗里急速前行，你将看见双眼突出的巨兽，感受它热气腾腾的呼吸，躲开它像刀锋般尖锐的牙齿。如果漂筏躲过了魁拉利齿的袭击，则将跌入一个熔岩隧道，随后卷入一个翻腾的旋涡，流经喷发的火山口和火热的温泉，最后在激流的带领下回到大本营。

这就是迪士尼为你设计的“探险故事”，它更像一个天方夜谭。

数字高科技飞进上海迪士尼，为上海迪士尼打造了一个全新的文明——亚柏栎文明，带领游客去探险……

上海迪士尼乐园探险岛园区让游客探索未知世界，捍卫世界文化财富。

这里是一个神秘世界？传说，很久很久以前，在一个遥远的闻所未闻的世界中，有一座弥漫着海雾的大山。一只神兽栖息在山中，不时发出咆哮声，震动整个岛屿。山上居住着原住民，有自己的语言和音乐，过着物物交换的生活……

“这个看似真实存在的文明，其实是编造的，是迪士尼为上海迪士尼乐园的一个景区——探险岛打造的全新故事”，这是迪士尼对这个故事的说明。

为让亚柏栎文明多一些神秘色彩，迪士尼特意回避了亚洲、欧洲、非洲等被中国游客熟知的区域，特意选择前往中南美洲考察，以美洲安第斯山脉作为探访古文明的起点。这就是迪士尼对吸收外来文化时的一种创意。迪士尼所创造的这个亚柏栎文明的细节极其丰富，甚至还拥有自己的语言和音乐。

雷鸣山漂流作为探险岛的核心游乐项目，水道全长 700 余米，贯穿整个假山区域，首尾相衔，穿山越岭。这个水道和常规的水道完全不一样，它不是直上直下 90 度的槽形，而是一个敞开口的倒梯形。为了保证水流速度很快的时候船体的稳定性，水道的某个角度还是在不断变化的。可见，迪士尼对这个游乐项目的创意细致入微，使之更加贴近大自然。

由于整个漂流过程采用自然水流作为驱动力，滑水道混凝土迎水面要达到清水混凝土标准，表面光滑如镜，不许打磨修补，无灰浆，无纹理，无裂纹，无污损，无色斑或褪色污渍。同时，滑水道作为复杂空间曲面，几何形状极其复杂，施工过程要求误差控制在 6 毫米以内。

上海迪士尼的雷鸣山漂流游乐项目，不像其他游乐项目，出自迪士尼的动画或者其他作品，它就是迪士尼幻想工程师的奇思妙想的杰作。虽然这个游乐项目没有“显赫”的文化身世，但迪士尼幻想工程师借助探险的故事，编造出一个“亚柏栎文明”的故事，使其营造出一个真实而神秘的自然环境，让游客在此“探险”。迪士尼不愧为故事大王，它的故事不仅仅可以“听”，更重要的是可以“玩”。

迪士尼在吸收探险文化的过程中，别出机杼地创造了这样一个令人拍案惊奇的“雷鸣山漂流记”。

什么是探险？词典上是这样定义的：“到从来没有人去过或很少有人去过的地方去考察（自然界情况）。”这个定义是正确的，例如哥伦布发现美洲新大陆、麦哲伦首次环球航行、利文斯通横跨非洲大陆、斯文·海定穿越新疆塔克拉玛干大沙漠，都是最经典的探险。但是这个定义是不全面的，因为人类除了地理探险以外，还有大量的文化探险活动。今天，由于科学的进步、交通的发达、信息的覆盖，地球上人没有去过的地方已经很少了。因此，地理探险的机会相对减少了，像哥伦布、麦哲伦那样的大探险家也罕见了。在时代的长河中，探险家们在地理探索上取得了巨大的成就，从而改变了世界。他们的探索改变了我们对周遭世界的认知，将地球呈现在我们面前，带领我们认识物质的、自然的和历史的世界。

虽然对绝大多数游客而言，要去世界上探险的机会寥寥无几。不过，在上海迪士尼的“雷鸣山”，你可以去小试牛刀，去感受一下探险的刺激。

这就是迪士尼在游乐中讲述的传奇故事，也是迪士尼带给你的惊喜……

探索“亚柏栎文明”奥秘

在上海迪士尼，有一处被迪士尼幻想工程师根据探险文化创造的游乐项目——“古迹探索营”。

迪士尼将其描绘成“与世隔绝”的孤岛：千年来，这片土地上的亚柏栎部落在这个自然世界里平静地生活着，这座植被繁茂的美丽岛屿成了他们的家园。20世纪30年代，一群探险家在考察途中不慎偏离了原定路线，却意外发现了这座探险岛，岛上的原始居民们热情接待了他们。事实上，部落居民们对这群无畏的科学家们十分好奇，正如探险家们对亚柏栎的风俗、手工艺品和自然环境产生了强烈的好奇心一样。

在这个与世隔绝的云雾森林里，探险者们发现了许多天然形成的及手工打造的遗迹。他们在古迹探索营，准备了多条探索线路，进一步探寻这座岛屿的奥秘，发掘岛上的非凡奇迹。

为了让更多游客获得不同的体验和感受，探索营景区的道路分为步道、绳索道。偏爱惊险刺激的游客可以选择绳索道。同时，三条绳索道设有三个难度等级，难度一是游客从半空中的木板道走进景点，难度二是游客从很少的木板道跳跃着进入景点，难度三是游客靠拉紧绳索道进入景区。据悉，绳索道距离地面的最高高度约有12米，选择绳索道的游客可以在三个难度的线路中进行自由切换。

这三条让人兴奋不已的上升绳索道横穿过雷鸣山，带领探险者们通过河谷、瀑布和峭壁，从宜人的山川景致一路到达令人叹为观止的山洞景观。

探寻“隐秘水帘殿挑战道”，进入丛林深处，探索瀑布背后的神秘洞穴，这里是嵌满宝石、缤纷闪耀的银河神庙所在地。

挑战“回声洞挑战道”，沿着一道蜿蜒的河谷，探寻这里让人惊叹的石刻及洞穴壁画遗迹，并亲身体验一下这里为什么被命名为“回声洞”。

凭吊“古迹遗址挑战道”，寻访一处正在发掘中的遗址，探险家联盟的考古学家们正在挖掘古亚柏栎的贸易中心。

这是上海迪士尼乐园“古迹探索营”的精彩一瞥。

然而，隐藏其背后的“亚柏栎文明”，到底是一种什么文明呢？其实，这仅仅是迪士尼的创意而已。

在迪士尼的描述中：几千年以前，“亚柏栎人”在一座小岛上建立了自己的文明。他们认为世界是由水、土地以及天空组成，分别以巨蟒、山狮以及雷鸟为代表。在小岛上还有一座山，一只神兽栖息在山中，不时发出咆哮声，震动整个岛屿，所以亚柏栎人将这座山称为“雷鸣山”。

看起来，这好像是在描绘一个真实存在过的文明，但其实都是“胡编乱造”的——这只是迪士尼为上海迪士尼乐园中的一个片区“探险岛”所设定的故事背景。

在建设乐园之前，要先为乐园编一个故事，这就是迪士尼乐园和其他大部分乐园不同的地方。而将迪士尼虚构出的这个亚柏栎文明的丰富细节化为现实，这就是迪士尼的成功之道。

“雷鸣山漂流绕山而建，古迹探索营也会让你围着山进行探险，而‘翱翔·飞越地平线’的入口处也在山边。”除了要贴合亚柏栎文明的设定以外，迪士尼的幻想工程师们还尝试将这些游乐设施“像一张网一样编织在一起”。

因此，在探险岛片区，迪士尼幻想工程师面临着还原一个有着4 000多年历史的南美洲秘鲁原始丛林风貌的挑战。同时，他们在细节上追求极致。假山石块看起来工艺和流程都很简单，成形之后的假山，看似没有规则，随心所欲，但实则从钢骨支架、丝网铺设、砂浆配比、喷浆厚度到雕刻时间等，每道工序都有着严格的标准和要求。

以假乱真，这就是迪士尼的功夫所在。有了如此逼真的自然环境，再配以迪士尼的“故事”，一个活生生的古迹探索营就变得栩栩如生，让游客身临其境。

迪士尼认为，无论是卡通或者电脑，都无法取代一个好的故事。令人难以忘怀的角色、动人的主题和含有大量惊奇的情节才是一部成功电影的关键。其实，不仅仅迪士尼电影如此，迪士尼的游乐项目又何尝不是如此呢？

华特创造了幻想工程，而幻想工程师们让它翩翩起舞。事实上，幻想工程师的工作衔接台前与幕后，在上海迪士尼乐园，他们花了更多精力用技术讲故事，用细节讲故事。

幻想工程师们经常在饭桌上讨论当天某个有创造性的挑战。正如迪士尼所评价的那样：“华特迪士尼公司的成功建立在两个基础理念上，孜孜不倦地追求新点子和有能力成为一个伟大的讲故事者。”

这就是迪士尼源源不断的创作灵感之源……

诞生于冒险小说的“泰山”

“这个故事是一个与我毫不相干的人讲给我听的，这家伙本不该对我或者对别的人信口开河。整件事情的诱因是一瓶陈年佳酿，美酒在这位贪杯的家伙身上产生了神奇的功效，诱使他打开了话匣子，而在接下来的几天里，我对这个故事将信将疑的态度，竟让那个性急的家伙把他的神奇故事和盘托出了。”这是美国作家的小说《人猿泰山》的故事开头。不曾想，若干年后，其成为上海迪士尼里的景点——“人猿泰山：丛林的呼唤”。这正说明迪士尼善于借用文学故事来创作自己的游乐项目主题。

“人猿泰山：丛林的呼唤”是上海迪士尼乐园娱乐演出中的一部原创作品。这部激情洋溢的音乐剧讲述了一个由猩猩养大的人类小男孩最终成为丛林之王的故事。该剧沿用了迪士尼长篇动画电影《人猿泰山》的经典配乐，融合了戏剧、中国杂技和摇滚乐等元素，给人一种回归山林之感。

这部迪士尼音乐剧，源自其 1999 年动画电影《泰山》。动画片的故事是这样的：还是婴儿的泰山在一次海难中和自己的父母来到非洲，不幸的是，不久后他的父母便丧身于花豹爪下。刚失去自己宝贝儿子的母猩猩卡娜从花豹爪下救出了泰山，并将其当作自己儿子抚养长大。在成长过程中，泰山因自己与众不同的外表而感到困惑，并且一直希望得到其他猩猩的认可。直到有一天，一群人类闯入了丛林，泰山发现竟然还有和自己一样的人类，也正是那个时候，他遇到了珍妮。在珍妮的引导下，泰山学会了人类的语言，学习了人类的文明，同时也渐渐爱上了珍妮。正当泰山决定和珍妮一起去英国的时候，与珍妮一起同行而来的克里顿却策划着他邪恶的阴谋。而最终，泰山和他的好朋友一起粉碎了克里顿的计划，拯救了整个猩猩群。而珍妮，也被泰山深深吸引，和泰山一起留在了丛林中。

和其他版本的《泰山》电影有所不同，迪士尼版本的泰山，更多地挖掘了泰山在猩猩和人类两个世界、两种群体间微妙的心理变化。少年时的泰山，为自己和其他猩猩不同的外表所困惑，为得不到其他猩猩的认可而迷惘。而见到珍妮后的泰山，又被人类文明的新奇所深深吸引，他充满好奇的眼神，清晰地反映了他想探求这个群体的渴望。他在这两个世界里徘徊着，迷茫着。但其实，他在两者间选择哪个都不重要，最关键的是，他珍视身边每一个爱他、关心他的朋友。

据资料显示，负责设计泰山这个角色的动画家是迪士尼首席动画大师 Glen Keane，他从他那酷爱滑板、溜冰等运动的儿子身上得到灵感，创造出在丛林间快速穿梭、跳跃动作很酷的泰山。

泰山这个形象最早出现在 1912 年埃德加·赖斯·巴勒斯的首部“泰山小说”《人猿泰山》中，之后才出现在各种“泰山电影”里。从 1918 年的无声电影《人猿泰山》到 2016 年的《泰山归来：险战丛林》，“超级 IP”泰山已在银幕上摇荡了近百年。这期间，从无声到有声、从黑白到彩色、从搭景到实景、从真人到动画、从 2D 到 3D、从实拍到 CG，泰山见证了电影史上多次重大技术变革。首部“泰山电影”是 1918 年的《人猿泰山》，情节忠实于巴勒斯的首部“泰山小说”的第一部分。影片前一部分讲述的是年轻泰山的故事。

“泰山之父”——埃德加·赖斯·巴勒斯，是一名美国作家，在美国文学史上的地位虽然不高，但是他的《人猿泰山》长篇系列小说却可称得上是经典之作。自问世以来，这本小说一直经久不衰，深受广大读者喜爱。巴勒斯开始写作是在 20 世纪初，除了写作《人猿泰山》系列之外，还著有《火星》等系列科幻小说。其文风观点介于乐观与悲观之间，作品兼有科幻、冒险成分，至今仍脍炙人口。

巴勒斯的这本小说，本是一本著名的冒险小说，讲述的是一个非洲原始森林里成为孤儿的婴孩在猿猴家族的照料下长大成为英国绅士的故事。书中的多种感情，特别是猿妈妈卡娜对泰山无私而伟大的母爱，泰山对自己猿妈妈的感情，泰山对简·波特纯朴、无私的爱，泰山对自己种族归属问题的思考，等等，无一不感动着我们。

巴勒斯在美国文学史上的地位虽然不高，但是他的《人猿泰山》长篇系列小说不仅在刚刚问世的时候风靡一时，即便是现在或者 50 年、100 年之后，也还会在读者中间，特别是青少年读者中间得到广泛的流传。美国文学史上不乏这样的作家：他们生前得不到学术界承认，死后也不被批评家看好，然而他们却写出了最受欢迎的作品，享有最为广泛的知名度。巴勒斯便是这样一位作家。1912—1950 年，他一共出版了 70 多部小说，这些小说涉及科学、幻想、冒险等众多领域，而且几乎全是畅销书，其中不少被多次改编成电影、电视剧，被译成多种文字，在世界各地广为流传。当代著名科学小说作家亚瑟·克拉克曾如此表达对他的敬仰：“埃德加·巴勒斯在文学史上具有重要地位。是巴勒斯，激起了我创作的兴趣。他的地位，据我看，已经被大大低估了。”

克拉克的肺腑之言，同样也表达出迪士尼对“泰山之父”巴勒斯的一种敬仰。难怪，迪士尼不但制作了动画片，而且积极筹划了这部音乐剧，使泰山拥有更直观的形象，拥有更多粉丝。

迪士尼“翱翔”在各种文化之上

当年，迪士尼想让游客从空中体验加利福尼亚州的美丽与壮观，但由于无法移动空间和时间，幻想工程师想办法在游客脚下放了一个巨大的电影屏幕，这样人们就可以从空中俯瞰一切。这就是“飞越加州”游乐项目的由来。

在上海迪士尼乐园的众多游乐项目里，“翱翔·飞越地平线”将为我们带来最神奇的旅程。踏上“翱翔·飞越地平线”之旅，可感受清风拂面、飞越树梢和屋顶，这绝对是让人心神为之一振的飞行体验。在这趟魔法般的环球飞行之旅中，你能尽情领略沿途的美景，享受翱翔天际的自由和快感。

这个项目的场景就如同电影院一样，不过座位是悬挂式的。当你系好安全带后，座椅缓缓升空，接着速度加快，感觉慢慢飞了起来。裸眼 3D 技术将我们带进了一个个身临其境的画面中，像是在飞机上高空俯看。

游客来到室内游乐场所，一排铁架长椅，每张长椅子上又设置了一个个座位，每个座位的左右都有扶手所倚。扣上保险，灯光渐暗，前方的球形屏幕上展现出高清的画面。时而跨越北美大地，时而穿梭原始森林；时而俯瞰悉尼大桥，时而仰望天空星座……而游客所坐的椅子，完全由电脑控制，它会根据画面剧情，伴随音乐高低，忽上忽下，忽左忽右，一会儿腾空而起，一会儿飞流直下，引得游客一阵阵声嘶力竭的大叫。说实在的，每个人的心都快跳出来了，尤其在凌空飞翔时，仿佛感觉到脚底下的万丈深渊，似有坠入之感，紧张刺激。高科技影像让人们尽享太空的新奇和宇宙的浩瀚，无限奥妙的天体带给你无限的遐想，思绪万千，心潮澎湃，像孩子一样兴奋激动不已。

眼前的巨幅环形屏幕包围了整个视野，仿佛身临其境，在空中飞翔。瑞士阿尔卑斯山脉勃朗峰、格陵兰岛有北极熊和鲸鱼、澳大利亚悉尼歌剧院、德国新天鹅城堡、非洲的草原以及场面壮观的野生动物大迁徙，中国北京八达岭长城、埃及金字塔、印度泰姬陵、美国死亡大峡谷的热气球大赛、斐济群岛赛艇比赛、阿根廷伊瓜苏大瀑布、法国巴黎夜晚的埃菲尔铁塔，最后回到中国上海浦东。正当人们颇感恐惧惊怵之际，座椅便缓缓平展，音乐也渐渐悦耳，画面上来到了上海陆家嘴，高楼大厦鳞次栉比；在上海迪士尼的夜空中，奇幻城堡上空礼花四溅，一派祥和快乐的气氛。这就是迪士尼文化带来的冲击。

据悉，上海迪士尼的“翱翔·飞越地平线”力图为游客打造前所未有的全新体验。“翱翔·飞越地平线”跟洛杉矶迪士尼冒险乐园的“飞越加州”是同样的原理。不同的是，观看的影片景点不一样，一个只在加州，一个是在全世界，另外从观感上看，“翱翔·飞越地平线”的影片清晰度要比“飞越加州”高得多。

“翱翔·飞越地平线”使用创新型动态驾乘系统将游客安置在巨型投影穹顶前，视野所及之处皆是美景，让游客尽情欣赏世界各地标志性的自然风光和人文景观。

除了动态驾乘系统作为依托外，“翱翔·飞越地平线”还开创性地使用了一种顶尖摄像系统去拍摄这些大屏幕的影片素材，使游客得以欣赏到激光投影的高清影像——其分辨率已达到全球的最高水平。该驾乘系统和摄像系统都是由迪士尼幻想工程所开发。

凡是到访过美国迪士尼乐园的游客，都会热衷于类似的项目。这个游乐项目通过巨型屏幕投影技术为游客模拟了飞越天空的体验。

位于美国奥兰多的华特迪士尼世界度假区“明日世界主题园区”，既是个有科技含量的游乐项目区域，又是一个富有异国情调的世界橱窗。在这里，高科技所带来的乐趣与迪士尼童话幻想，充满了刺激与兴奋的体验。不少活动颇有几分刺激性，这可谓是游客们最喜爱的“节目”，哪怕排上长队也不后悔。不过，最为刺激的是那个“飞翔”游乐项目，它也是明日世界里最有名气的。

上海迪士尼将奥兰多迪士尼的“飞翔”游乐项目引入并提升，使之成为上海迪士尼里最受欢迎的游乐项目之一。

在这里，迪士尼没有排斥其他文化，没有单单介绍美国的自然风光和风土人情，而是敞开胸怀，海纳百川，将全世界具有标志性文化特色的各种自然风光和人文景观，统统囊入其中，显示了迪士尼文化的开放性和包容性。它通过高科技手段，将多种文化融入一体，制成了一部不同凡响的旅游风光大片，让游客在“飞翔”中，领略不同文化的差异和韵味，也使迪士尼文化有了更多的“源头”。

翻开迪士尼的作品集，不难发现其撷取了全球性的故事，符合其“小小世界、全球一家”的文化视角，可以去争取更多的观众与潜在游客。这些故事容易寻找，且源源不断。在肯定其在文化传播中积极作用的同时，我们也要看到迪士尼在“解读”他国文化时的曲解和误读带有很强的美国色彩，这值得引起我们的思考。

世界性的文化题材造就了迪士尼世界性的动画语言。就这样，迪士尼“翱翔”在世界性的文化“天空”中……

《小飞象》的“意外之喜”

迪士尼乐园里的小飞象游乐项目，到底源自怎样一个故事呢？

《小飞象》是迪士尼公司在 1941 年出品的动画，一经上映之后就广受欢迎，成为迪士尼的一部代表作品。影片由华特·迪士尼亲自担任制片，虽然经过了 70 余年，但影片仍然受到众多影迷的喜爱。

这部可爱可亲的动画，讲述了马戏团里名叫丹宝的小象，憨态可掬又纯朴，因为长着一对特别大的耳朵，所以常常被人取笑。丹宝的大象妈妈为之发火，教训了淘气的男孩子，结果被关禁闭。

要在马戏团里立住脚，必须学会一手绝活才行，可是丹宝什么也不会，为此它很苦恼。好在老鼠蒂莫西给了它安慰和帮助。一次，丹宝失足掉进了盛着香槟酒的水桶，灌得酩酊大醉。这次意外事故却使丹宝发现，它可以靠扑扇它的大耳朵飞到空中。于是，丹宝一夜之间成了观众最喜爱的小飞象。在马戏团表演节目时，丹宝需要从很高的地方跳下来，因为有了这羽毛，丹宝再也不害怕了。这下，丹宝成了小飞象，他为大象妈妈赢得了自由。

这部动画片改编自海伦·艾伯森和哈罗德·珀尔的同名小说，于 1941 年 10 月 23 日首映。影片上映后，反响积极。《新闻周刊》称这部动画是真正的“迪士尼影片”。《时代周刊》更是把《小飞象》称为“年度之星”，并准备把它作为期刊封面，进行专题报道。只是，突然爆发的日本偷袭珍珠港事件，使小飞象不得不把原本属于它的版面让给有关战争的报道。虽然如此，小飞象的玩具仍然随处可见，人们对它的喜爱丝毫没有受到战争的影响。而对于华特和他的公司来说，《小飞象》还有一个不同寻常的意义：它是由那些没有参与罢工的迪士尼动画师们摄制完成的。华特把这看作是自己的一种“胜利”。

其实拟人化的动物角色一直是迪士尼的经典选材之一。从1928年推出由米老鼠主演的世界上第一部有声动画片《威利汽船》开始，迪士尼便创造出无数充满人情味的可爱动物角色。

作为迪士尼第4部经典动画片，《小飞象》片长仅64分钟，故事简单，制作也不像《白雪公主》那样精美，但小飞象可爱传神的形象、动人温馨的故事，半个多世纪以来仍为人们喜爱。同时，华特也说这是他最喜欢的作品。

在小飞象身上，其实有我们每个人的影子。谁小时候没有因为自己的缺陷而被同学嘲笑过？自己只能躲在角落默默流泪，回到妈妈的怀抱寻求安慰。

而这部动画故事，正是告诉观众一个浅显的道理：每个人都有自己的短处和长处，不可自暴自弃，只要善于扬长避短，发挥出自己的潜能，总可以占有一席之地。当然，这也是一个励志的故事，充满积极进取的精神。

据说，迪士尼公司开始并不看好这部动画，没想到，它却赢得当年票房的亚军。从动画片的无意间成功，迪士尼公司似乎看到了小飞象这个形象在众多观众中的潜在价值，于是，在建造迪士尼乐园时，他们便以小飞象为形象，设计了一个旋转游乐项目。

由此，“小飞象”成为世界各地迪士尼乐园的经典项目。而在上海迪士尼乐园，小飞象首次走出“梦幻世界”主题园区，转而为“奇想花园”主题园区注入无限魅力。

彼得·潘：从巴里到迪士尼

搭乘上海迪士尼乐园“小飞侠天空奇遇”的“飞”船，游客将翱翔在伦敦上空，向着梦幻岛出发。

在小飞侠的带领下，游客将经历一系列刺激的冒险，对抗虎克船长和他的海盗船员，感受小男孩放飞想象力的勇气。据称，这个经典游乐项目在上海迪士尼乐园得到全新升级，新的迪士尼神奇体验将“飞船”与场景靠得更近，游客将被仙尘包围，并面对面邂逅迪士尼的经典角色。如此这番描绘，足以让人心驰神往。

其实，“小飞侠”这个迪士尼乐园经典游乐项目，早在洛杉矶迪士尼和奥兰多迪士尼就有，后来的巴黎迪士尼和东京迪士尼，也都设置了“小飞侠”的游乐项目。一个童话故事，衍生出独特的游乐项目，虽建造的年代不同，但游乐内容大同小异。

追溯这个游乐项目之源，不得不提到迪士尼动画电影《小飞侠》，它于1953年出品，是迪士尼第14部长篇动画片。其取材于英国作家詹姆斯·巴里的作品《彼得·潘》。影片讲述了温迪和她两个弟弟希望自己永远不要长大，于是，小飞侠彼得·潘便带着他们飞往永远长不大的梦幻岛。梦幻岛上的虎克船长发现了小飞侠他们的踪迹，便开炮要消灭他们。幸好他们躲过一劫，趁着月色，来到了美人鱼嬉戏的地方。后来，他们遇到虎克船长抓着酋长公主驶向骷髅岩，便一路追踪而去，装扮大海魔，吓唬对手，还设计救出了公主。但虎克船长逃回船上，抓住了温迪和弟弟们，还下毒手要把小飞侠炸死。是小叮当及时救了小飞侠，小飞侠又躲过一难。最终，他再次寻找到海盗船，同虎克船长拼死一搏，打败了虎克船长，救出了温迪等人。船在天空下缓缓地向伦敦驶去……

影片在于唤醒人们心灵深处最纯挚的童心，去欣赏追梦的美妙。因为影片大受欢迎，迪士尼便开发了“小飞侠”的游乐项目。

“小飞侠”作品之源《彼得·潘》，是一部关于一个“永远不会长大”的小男孩的戏剧，是詹姆斯·巴里最出名的作品。詹姆斯·巴里是英国小说家、剧作家。他生于英国东部苏格兰农村一个织布工人之家，自幼酷爱读书写作。1882 年他在爱丁堡大学毕业后，在诺丁从事新闻工作两年。1885 年，他移居伦敦，当自由投稿的新闻记者，开始创作反映苏格兰人生活的小说和剧本。他的小说属于“菜园派”，擅长以幽默和温情的笔调描述苏格兰农村的风土人情。

巴里迁居伦敦后，住在肯辛顿公园附近，每天上下班都从那儿路过。一天，他看见有几个小孩子在草地上玩耍，他们用树枝盖小屋，用泥土做点心，还扮作童话中的仙女和海盗。这游戏吸引了这位黑胡子的作家，他站在一旁笑嘻嘻地看着。一个胆大点的孩子问他愿不愿意跟他们一起玩，于是黑胡子作家高高兴兴地加入了孩子们的游戏，一直玩到天黑。在回家的路上，巴里才发现原来这些孩子都是他的邻居，其中最活跃的那个男孩叫彼得。

后来，孩子们从家长那里听说巴里是个作家，他正在写一个剧本，叫《彼得·潘》，便把他围住，要他讲《彼得·潘》的故事。等巴里讲完，他们才知道自己一个个都在故事里了。巴里把这些小朋友都称为他创作的合作者，《彼得·潘》公演时，孩子们每人还分到5个便士的稿费呢！

彼得·潘的名字首次出现在巴里1902年的小说《小白鸟》中；1904年，剧本《彼得·潘》发表；同年12月首次在伦敦公演，引起了轰动；1911年，小说《彼得·潘》出版，成为英国文学史中大人和孩子都喜欢的文学作品。

小说《彼得·潘》的故事是这样的：彼得·潘，满口珍珠般的乳牙，穿一身用树叶和树浆做的衣服，是一个不愿长大也永远不会长大的可爱的小男孩。

因为害怕长大，他在出生的第一天就从家里逃了出来，常去伦敦的肯辛顿公园游荡；如今长住在一个叫“永无岛”的海岛上，成为一群被大人丢失或遗弃的孩子们的队长。在一个夏夜里，彼得·潘飞到伦敦，趁达林太太不在家，和小女孩温迪带着两个小弟弟一起飞回永无岛。大家推举温迪做母亲，从此过上了童话般奇妙的生活。他们一起做了许多英勇的事，包括与诡计多端的海盗头子虎克决一死战，使他掉进了鳄鱼的口中……

《彼得·潘》将荒诞幻想、仙人故事、惊险情节，运用性格刻画、心理描写、讽刺和幽默等手段交织在一个小小的故事里。它既像一场令人眼花缭乱的马戏，又像一首狂想曲，给读者以强烈的震撼力。

巴里曾经这样说过：“快乐的秘密，不在于做你所爱的事，而在于爱你所做的事。”彼得·潘，正是巴里所钟爱的文学形象。

《彼得·潘》的剧作于1904年12月在伦敦首演。1905年于百老汇上演。不久，同名无声电影于1924年上映。此后这部剧作被改编为音乐剧、电视节目以及两部有声电影。其中1953年的电影是由迪士尼出品的标准长度的动画电影，另一部则是2003年的英国电影，以其华丽的场景及特效著称。

当年，《彼得·潘》在伦敦公演后，在观众中引起很大轰动。后来，它又被改为童话故事，并被译成多种文字传到国外。以彼得·潘故事为内容的连环画、纪念册、版画、邮票等风行欧美各国。自从《彼得·潘》被搬上银幕，每年圣诞节，西方各国都在电视放这个节目，作为献给孩子们的礼物。

这部剧的副标题“不会长大的男孩”强调了这个故事最基本的主题：童年的纯真与成年人的责任之间的冲突。彼得·潘拒绝从儿童转变为成年人，并且鼓动其他的孩子也这样做。然而书中的第一句“所有的孩子都会长大，除了一个人”，以及故事的结局表明了这个愿望的不现实性。在这种转变之中也有着悲剧的成分。

充满梦幻的迪士尼将《彼得·潘》演变成了一个“天真的、快活的、无忧无虑的”故事，而全然没有了巴里笔下的淡淡忧伤。

彼得·潘从英国作家巴里的笔下到迪士尼乐园，正是说明了迪士尼文化对包装一个外来文化形象的成功之处。

七个小矮人“自驾游”

七个小矮人，是《格林童话》中非常有特色的文学形象。上海迪士尼借由这几个形象，设计了一个“七个小矮人矿山车”的游乐项目。这里的“七个小矮人矿山车”与其他游乐园的过山车不同，它将载着游客到达传说中的钻石矿山。“七个小矮人矿山车”一会儿沿着陡坡下滑，一会儿突然急转弯，忽上忽下，忽左忽右……

《格林童话》产生于19世纪初，是由德国著名语言学家雅各布·格林和威廉·格林兄弟收集、整理、加工完成的德国民间文学。它是世界童话的经典之作，自问世以来，在世界各地影响十分广泛。格林兄弟以其丰富的想象、优美的语言，给孩子们讲述了一个个神奇而又浪漫的童话故事。

《格林童话》带有浓厚的地域特色、民族特色，富于趣味性和娱乐性，对培养儿童养成真、善、美的良好品质有积极意义。《格林童话》获选为世界文化遗产，被联合国教科文组织称赞为“欧洲和东方童话传统的划时代汇编作品”。

《格林童话》中白雪公主与七个小矮人的故事可以说是家喻户晓，因此华特·迪士尼选择这个故事来当他的开天辟地之作。这是一部世界影视史上举足轻重的作品，也是这部作品奠定了迪士尼在动画王国持续几十年的霸主地位。

1937年迪士尼公司出品的《白雪公主和七个小矮人》在好莱坞上映。本片是世界电影史上第一部长篇动画。它讲述了这样一个故事：很久以前，白雪公主的后母——王后美貌盖世，但魔镜却告诉她世上唯有白雪公主最漂亮，王后妒火中烧派武士把她押送到森林准备谋害，武士同情白雪公主，让她逃往森林深处。小动物们用善良的心抚慰她，鸟兽们还把她领到一间小屋中。收拾完房间后她进入了梦乡。房子的主人是在外边开矿的七个小矮人，他们听了白雪公主的诉说后把她留在家中。王后得知白雪公主未死，便用魔镜把自己变成一个老太婆，来到密林深处，哄骗白雪公主吃下一只有毒的苹果，使公主昏死过去。鸟儿识破了王后的伪装，飞到矿山报告白雪公主的不幸。七个小矮人火速赶回，王后仓皇逃跑，在狂风暴雨中跌下山崖摔死。七个小矮人悲痛万分，把白雪公主安放在一只水晶棺里日日夜夜守护着她。邻国的王子闻讯，骑着白马赶来，爱情之吻使白雪公主死而复生。之后，王子带着白雪公主骑上白马，告别了七个小矮人和森林中的动物，到王子的宫殿中开始了幸福的生活。

该片取材于童话，完美再现了一个梦幻浪漫的童话世界，讴歌了一种真善的美，宽容的美。尤其是七个小矮人的形象，在影片中起到至关重要的作用。他们有着各自的个性特点但又巧妙地统一：

万事通，由于他的位置经常排在第一，而被视为小矮人之中的领袖，尽管如此，他也是个迷糊的家伙；

爱生气，总是一副气冲冲的样子，有时喜欢跟万事通做对，他的鼻子是小矮人之中最大的，通常闭着一只眼睛，在被白雪公主的纯真善良感化后，也只是一副刀子嘴豆腐心的样子；

开心果，滑稽幽默，喜欢笑；

瞌睡虫，在大多数情况下，他总是一副昏昏欲睡的样子，很容易疲倦和打哈欠；

害羞鬼，最容易害羞的小矮人，通常以脸红和尴尬的形象来应对任何对他的关注；

喷嚏精，容易打喷嚏（对花粉过敏），他一个喷嚏的威力相当于一阵狂风，因此，当他想要打喷嚏的时候，其他小矮人就会冲上去堵住他的鼻子；

糊涂蛋，傻里傻气，笨手笨脚，是小矮人之中唯一一个不会说话和没有胡子的人，是一个鲜明而喜感的人物。

德国西南部小镇洛尔的童话学者自信地表示，七名小矮人的原型来自西部比伯的矿场，由于矿洞窄小，只能容得下身材矮小的矿工。他们为了免受落石所伤，通常会戴着色彩鲜艳的头巾。

《白雪公主和七个小矮人》对全球少年儿童乃至成年人有着巨大深远的影响，甚至远远超出了文艺作品的范畴，成为善与恶、美与丑的道德规范的代名词。

当迪士尼将这部童话故事从书本、动画复制到上海迪士尼乐园时，并没有照搬照抄，而是将白雪公主同七个小矮人作了“分离”，这样，突出了七个小矮人与矿车的关系及故事，建造了“七个小矮人矿山车”的游乐项目，游客将在此一睹《白雪公主和七个小矮人》中深受喜爱的角色！

这一景点采用创新技术，生动地向游客呈现出白雪公主和七个小矮人的 3D 形象。当矿车冲到最高处，沿斜坡下滑，奔驰在起伏的山峦之间，然后到达矿井深处时，你能感受到风在脸部呼啸而过。突然，黑暗中闪着耀眼的光点，眼前出现七个小矮人工作的场景。他们吹着口哨，哼着歌儿，收集闪闪发光的钻石、祖母绿等宝石。这个耳熟能详的故事就这样在上海迪士尼续写了新的篇章。

爱丽丝来自哪里

爱丽丝来到了上海迪士尼乐园，带你一起穿越梦游仙境中蜿蜒的迷宫，参加愉快的疯狂茶会派对。

帽子和兔子和猫……噢，天哪！掉进兔子洞之后，快来结识一下疯帽子、妙妙猫和其他古古怪怪的迪士尼朋友吧。在这处魔幻的探险奇境里，随处可见巨大的花朵，高耸入云的篱笆，每个角落都能发现隐藏的美好事物。

在奇妙花园，在红皇后的花园，在树篱迷宫，都可以探寻到爱丽丝的梦境……

一个世纪之前，华特·迪士尼便与之心照神交。1923年，羽翼初丰的华特制作了一段短片《爱丽丝的仙境》，在他童年喜爱的故事基础上加入了实景和动画。1951年对它进行重新演绎，拍摄了长篇动画《爱丽丝梦游仙境》。1958年，“爱丽丝梦游仙境”成为迪士尼乐园的景点，为游客带来旋风般的爱丽丝仙境之旅。

上海迪士尼乐园的这个景点则取材自2010年版的电影《爱丽丝梦游仙境》。迪士尼以它为蓝本，描绘了一个全新的奇幻空间。

其实，《爱丽丝梦游仙境》本是出自一个英国作家刘易斯·卡罗尔之手。其为现代童话之父，与安徒生、格林兄弟齐名的世界顶尖儿童文学大师。卡罗尔是他发表《爱丽丝漫游奇境记》(又名《爱丽丝梦游仙境》)时首次使用的笔名。他多才多艺，兴趣广泛，在小说、童话、诗歌、逻辑等方面，都有很深的造诣。自1854年出版两部诗集之后，他一直在各种杂志上发表文学作品。1862年，卡罗尔在旅行中构思出《爱丽丝梦游仙境》，并在朋友的鼓励下将手稿加以修订、扩充和润色，并于1865年正式出版。最终这部作品的发表给他带来了第一次，同时也是最大的一次成功。不久，卡罗尔的名字就被世人所知晓。后来，卡罗尔又写了一部姐妹篇，叫《爱丽丝镜中奇遇记》，并与《爱丽丝梦游仙境》一起风行于世。这两本书被誉为英国魔幻文学的代表作、世界十大著名哲理童话之一，奠定了怪诞、奇幻的现代童话基调，堪称跨时代的里程碑。

这部童话自1865年出版以来，一直深受不同年纪的读者喜爱，作者在其中巧妙地运用不合逻辑的跳跃方式去铺排故事。《爱丽丝梦游仙境》这本书已经被翻译成至少125种语言，到20世纪中期时已重版300多次，其流传之广仅次于《圣经》和莎士比亚的作品。

如果某一天，你看到了一只穿着背心的兔子，边走边自言自语地说：“哦，亲爱的，哦，亲爱的，我太迟了。”还掏出了怀表看了看。你会怎么做？是愣在那里，用手擦半天眼睛，然后看着那片空地说“哦，亲爱的，我产生幻觉了吧！”，还是毫不犹豫地追上去？

《爱丽丝梦游仙境》的故事开篇，小女孩爱丽丝就碰到了这个问题。一天，她和姐姐在户外读书，因为书本没有插图和对话而感到无聊就睡着了。在梦中，她因为追逐一只穿着背心会看怀表的兔子而掉进了兔子洞，来到了一个神奇的地下世界。在这个奇幻世界中，她遇到了会说话的老鼠、鸟儿、毛毛虫、疯帽匠、三月野兔、睡鼠、素甲鱼、鹰头狮、丑陋的公爵夫人和神秘的柴郡猫。在这个世界里，喝一口水就能缩得如同老鼠大小，吃一块蛋糕又会变成巨人；同一块蘑菇吃右边就变矮，吃左边则又长高；狗发脾气时便咆哮和摇尾巴，而猫咆哮和摇尾巴却是因为高兴。她在一扇小门后的大花园里遇到了一整副的扑克牌，包括牌里粗暴的红桃王后、老好人红桃国王和神气活现的红桃杰克等。爱丽丝帮助兔子寻找丢失的扇子和手套，帮三个园丁躲避红王后的迫害，还在荒诞的法庭上大声抗议国王和王后对好人的诬陷……在这个奇幻疯狂的世界里，似乎只有爱丽丝是唯一清醒的人，她在探险的同时不断认识自我，不断成长。当她终于成长为一个“大”姑娘的时候，爱丽丝猛然惊醒，才发现原来这一切都是自己的一个梦境……

这就是《爱丽丝梦游仙境》的故事，该书一经出版就取得了巨大的成功，它以神奇的幻想、风趣的幽默、盎然的诗情吸引了成千上万的孩子，也使很多大人爱不释手，其中包括著名作家奥斯卡·王尔德和当时在位的维多利亚女王。

关于这部原著，还有一个有趣的故事：原作者卡罗尔在神学院当数学老师时，偶然的机会带院长的三位女儿出游，包括名字就叫爱丽丝的 10 岁小女儿，途中卡罗尔为她们编故事，才创作出这部传世的经典名著。这本著作不仅给儿童们带来一个无限的想象空间，而且内容饶有趣味，颇有深意，借着一位小女孩的眼睛，来讽刺当时维多利亚时期的教育、社会、政治环境。如此童趣又隐含讥讽的作品，可见作者手法十分高明，让儿童文学也能跃登大雅之堂，代代相传，深深影响后世的作家。

要说迪士尼与这部传世之作的关系，不得不提到华特·迪士尼先生，他一直就非常喜欢这部作品，所以后来将其拍成动画电影。不过，其实在1951年动画电影《爱丽丝梦游仙境》之前，1923年迪士尼便推出了一系列由真人和动画合演的短片《镜中历险记》。后来，迪士尼出品了这部《爱丽丝梦游仙境》大受观众的喜爱，而且愈来愈红，各大迪士尼乐园也都设置了相关的游乐设施，尤其以巴黎迪士尼的树丛花圃和东京迪士尼的红桃王后主题餐厅最为特别，当然还有小朋友们最喜欢的“疯狂帽匠茶会”旋转茶杯啰!

上海迪士尼乐园的“爱丽丝”来自何方？其实，就是来自英国作家卡罗尔的笔下……

《冰雪奇缘》飘来歌声《随它吧》

“随它吧，随它吧 / 回头已没有办法 / 随它吧，随它吧 / 一转身不再牵挂 / 白雪发亮 / 铺满我的过往 / 没有脚印的地方 / 孤立国度很荒凉 / 我是这里的女皇 / 漫天飞霜，像心里的风暴一样 / 只有天知道，我受过的伤 / 不让别人进来看见 / 做我自己就像我的从前 / 不在现实梦境之间 / 不被发现 / 随它吧，随它吧 / 回头已没有办法 / 随它吧，随它吧……”

唱起你最爱的《冰雪奇缘》的歌曲《随它吧》，进入“林间剧场”，你将在梦幻世界里体验到阿伦黛尔王国的魅力。快看！安娜、艾莎和克里斯托夫都在这一一为你重现《冰雪奇缘》之旅，一路体验无穷乐趣。他们会讲述回味不尽的故事，演唱你最喜爱的歌曲《随它吧》一起欢乐，一起欢唱！

《冰雪奇缘》改编自安徒生的童话《冰雪皇后》。安徒生是丹麦 19 世纪著名的童话作家、世界文学童话创始人。安徒生因其童话作品而闻名于世，其中著名的童话故事就包括《冰雪皇后》。《冰雪皇后》讲述了凯伊和吉尔达的故事。两个小伙伴从小一起长大，非常要好，每天都在一起玩耍。但是在一场暴风雪中，一块魔镜的碎片进入了凯伊的眼中，从此他的心变得非常冰冷，对吉尔达也冷淡下来。而在之后的一场暴风雪中，凯伊被冰雪皇后带走了，并彻底忘了吉尔达。从此，吉尔达踏上了寻找凯伊的道路。在历经千辛万苦之后，吉尔达终于来到了冰雪皇后的宫殿，并用她的爱熔化了凯伊的心，彻底唤醒了凯伊。之后他们一起离开了那冰冷的宫殿，回到了他们生活的地方，并从此过上了幸福的生活。

2013 年迪士尼出品的 3D 动画电影《冰雪奇缘》，则讲述了一个严冬咒语令王国被冰天雪地永久覆盖，乐观无畏的安娜和热爱冒险的山民克里斯托夫以及他的驯鹿搭档组队出发，展开一段魔法层出不穷、旅程峰回路转的大冒险，以寻找安娜的姐姐——冰雪皇后艾莎，破解她的冰封魔咒。一路上他们遇到搞笑的神奇雪人、各式奇幻的精灵、意想不到的魔法迷阵，更在雪崩冰裂中步步惊心……

影片将适度的时代感和女权主义的小情调加入情节和对白中，让这位天真娇美的公主更加丰满，惹人喜爱，估计少女们和她们的母亲都会对《冰雪奇缘》来者不拒。《冰雪奇缘》拥有纯正的迪士尼动画血统，也许你开场 10 分钟就知道了结局，但是有趣好玩的情节仍会勾起你的欲望，想要看看到底发生了什么。这是一部纯粹为孩子们拍摄的动画片，却展示了开阔的世界观。

都说一部电影最重要的就是要讲好一个故事，这点《冰雪奇缘》做到了极致。

这个精心的故事打磨了数年，不仅温情满载、欢乐无敌，更令人惊喜的是关于自我的探讨。也许你们只看出冒险、欢乐、拯救、真爱等主题，但其实影片中处处体现的追寻自我、做回自己、真情消融冻结的心等元素，同样可以令成年观众心有触动，是一部全家老小都能找到情感共鸣、值得一看再看的经典之作。

曾几何时，公主与王子一见钟情，互订终生，勇敢地击退种种阻挠，携手走向幸福的情节，正是迪士尼动画的核心。然而，在这部作品的创作中，迪士尼不落俗套，挑战自我，其冲破传统扭转套路，一反常态，不再以王子公主的爱情故事为主线，使之更为耳目一新。

在影片中，虽然公主和王子、平民的三角恋传统得以保留，但这只是表面现象。片中的妹妹安娜是个从小被关在城堡里的宅女，按照惯例，她对英俊有教养的王子一见倾心后，感情本该一路升温才是，但影片却安排安娜另外的情感路线，颇具一反常态的戏路，可见，迪士尼对一见钟情的快餐式爱情也是在自我反思、自我拯救，表明与俗套决裂的决心。而姐姐艾莎所言所行，不需要爱情鸟的光顾，她登基成为人人爱戴的女王，俨然一副古装版的女强人形象，这更是不同于迪士尼经典模式的女王形象，体现了迪士尼的一种全新审美。

迪士尼动画里总有个负责逗趣耍宝的配角，本片为了迎合冰天雪地的环境，打造出一个诞生于雪地的可爱雪人雪宝。雪宝是个向往盛夏的古怪雪人，他种种顽皮搞怪的事迹层出不穷——极限滑雪、装酷卖萌、口吐莲花，有他的地方就有捧腹笑声。与传统不同，雪宝并非单纯是个逗笑配角，更是姐妹情的象征，是艾莎与安娜小时候堆出的雪人，后被艾莎使用魔法赋予了生命，其性格上颇有两姐妹的影子，这个姐妹情感的代表，后来也成为消融两人冷漠关系的催化剂。

作为迪士尼的第53部动画作品，《冰雪奇缘》延续《白雪公主》《美女与野兽》《狮子王》等迪士尼代表作的风格，以歌舞贯穿整部电影。2013 年 11 月,《冰雪奇缘》在北美上映后，其原声大碟就疯狂大卖，并击败碧昂斯同名专辑《Beyonc》以及 2014 格莱美提名歌曲合集《2014 Grammy Nominees》等热门唱片，霸占美国 Billboard 公告牌冠军三周。由此为影片增光添彩，使之更具魅力，并成为传世经典。

值得一提的是,《冰雪奇缘》的主题曲"Let It Go（随它吧）",风靡一时，红极一时。其歌词更是被翻译成 25 种不同的语言来演绎，包括英语、法语、德语、俄语、日语、韩语、西班牙语、意大利语、普通话、粤语等，并邀请著名歌手演绎。比如，日语版的演唱者是松隆子，而姚贝娜则负责中文普通话版，印证了影片在全球的受欢迎程度。中文普通话《随它吧》歌词中，展现出女主角艾莎心境的转变。伴随着震撼又醉心的动听歌声，艾莎用魔法建造了一座冰雪宫殿。

一曲《随它吧》，早已随着《冰雪奇缘》深入人心……

疯蜜罐，旋转在百亩森林

我们跟随上海迪士尼的小熊维尼去寻找美味的冒险，前往“百亩森林”，在回旋中体验无限欢乐。疯蜜罐在等着和屹耳、瑞比、猫头鹰、小猪、袋鼠妈妈和小豆一起帮助克里斯多夫·罗宾亲爱的“小笨熊”找到最爱的美食。

这里，一共有 18 个巨大的“旋转疯蜜罐”，跳入其中一个，开始旋转的冒险之旅，寻找小熊维尼最爱的蜂蜜。游客可以自行控制旋转的方向和速度，或是悠然自得地旋转，或是伴着节奏感强烈的音乐疯狂旋转。

小熊维尼可能平时都迷迷糊糊的，不过只要让他吃饱喝足，品尝到最爱的蜂蜜，那肯定就是最快乐的时刻。

旋转疯蜜罐，是上海迪士尼乐园的一处阖家同乐的游乐项目。其实，类似于其他迪士尼乐园里的“疯狂茶会派对”，上海迪士尼乐园以旋转疯蜜罐取代了“疯帽子旋转杯”。对各个年龄段的游客来说，迪士尼魔法带来的乐趣是永恒不变的。

据资料显示，“疯狂茶会派对”分别在 1955 年和 1971 年首次亮相美国的两家迪士尼乐园。类似的游乐设备包括巴黎迪士尼乐园的“疯帽子茶杯”和东京迪士尼乐园的“爱丽丝茶会”以及香港迪士尼乐园的“疯帽子旋转杯”。

这个游乐项目本是经典迪士尼游乐项目之一。它取材自迪士尼经典动画《爱丽丝梦游仙境》中的“梦幻茶会”，活用了与电影如出一辙的花样色彩、怪诞的建筑风格和比例失调的各式用具，让你置身于奇异的狂欢派对之中，是一项历久弥新的游乐项目。

这是几个迪士尼乐园里均有的游乐项目，它深受孩童们的喜爱，难怪游客络绎不绝。巨型的疯狂帽子旋转杯一启动，疯帽子的天旋地转派对就开始了。在疯帽子的奇趣茶会中，随着音乐在巨型茶杯里快乐旋转，转快转慢，随你喜欢。你随之被载入时光隧道，进入《爱丽丝梦游仙境》的时光。

在茶杯里快乐旋转，坐进巨型彩绘茶杯，在色彩缤纷的仙境中随着音乐疯狂旋转。迪士尼《爱丽丝梦游仙境》充满节日气氛的音乐响起，茶杯便会开始在场中前后移动和旋转，近 50 个纸灯笼在你头上手舞足蹈，令这场别开生面的派对更添色彩。

全场共有 18 只精美茶杯，每只茶杯最多可容纳 4 名游客。派对开始，人们会被分成三组在同一个巨大转盘上的“茶杯”中开始旋转。这种疯狂的玩意儿，相信也只有幻想世界里方能让你体验到。旋转让你眼花了吗？你可以使用茶杯中央的方向盘控制旋转的方向和速度；如果你想要体验天旋地转的感觉，只管坐稳并快速转动方向盘；但如果你只是希望慢慢地旋转，那么放着方向盘不动就好了。

然而，上海迪士尼乐园将此游乐项目同小熊维尼“嫁接”起来，别出机杼，使人更容易接受小熊维尼这个形象的陪伴。这个游乐项目的文化之源，便是《小熊维尼和春天的百亩森林》。它是迪士尼 2004 年的动画片。迪士尼小熊维尼家族的作品繁多，不过大多都是电视影集衍生的短片。而这个小熊维尼的动画片，则是源自米尔恩的儿童文学作品中的主角小熊维尼。

如今，小熊维尼的故事已经家喻户晓。生活在百亩森林里的它最喜欢吃蜂蜜啦，为了寻找蜂蜜，它甚至会想办法进入蜂窝。维尼最好的朋友是克里斯多夫·罗宾，当然还有小猪。几乎所有百亩森林里的朋友都喜欢维尼：它纯真可爱，虽然有点儿笨拙但却非常善良；虽然它过着简单的生活，却时常有新奇的主意及独特的洞察力；它有着孩子独特的天真和好奇心，每天一睁开眼睛，就想去百亩森林里寻找新鲜有趣的事；它关心朋友们，非常体贴，是大家公认的好朋友！

在上海迪士尼乐园的旋转疯蜜罐，克里斯多夫·罗宾和维尼、小猪、屹耳、小豆、跳跳虎、猫头鹰等森林伙伴们将迎来新的历险，在梦想、爱与欢乐的征程中，他们给我们的甜蜜甘之如饴、溢出蜜罐，而纯真与希望的光泽也让日子熠熠发光。

来自伦敦动物园的小熊维尼

上海迪士尼乐园是小熊维尼的新“家”，它邀请你一起去历险呢！这里的“小熊维尼历险记”游乐项目，每天都是孩子们的欢乐天堂。

人见人爱的小熊维尼，出自英国著名剧作家、小说家、童话作家和诗人米尔恩的笔下。

1882 年，米尔恩出生于英国伦敦，毕业于剑桥大学，曾在英国著名幽默杂志《笨拙》担任编辑。他是一位多产作家，诗歌、散文、戏剧、小说等佳作连连，而为他赢得世界性荣誉的，还是他的儿童文学作品《小熊维尼故事全集》。

据说，小熊维尼本是米尔恩为儿子创作的一个有趣的童话形象。维尼看似憨憨傻傻，但是它热情仗义，对朋友体贴关心。他和小猪、小兔、驴子、袋鼠一家还有小老虎一起住在百亩林，他们之间团结友爱，但是偶尔也会有点小矛盾；每个小动物都是善良、热心的，但是偶尔也会犯糊涂。他们还有一个共同的朋友——罗宾。他们天真可爱，做起事来常常让人捧腹大笑，他们走到哪儿，哪儿就充满欢笑、童真。《小熊维尼》一书风靡全球，迪士尼以此为蓝本的动画片更是成为亿万儿童的好伙伴。

维尼的命名是由米尔恩的儿子罗宾的生日礼物——一只绒毛玩具熊而来。而罗宾跟父亲在伦敦动物园里看到了一只从加拿大曼尼托巴省首府温尼伯来的熊叫维尼，所以他把那只生日礼物绒毛玩具熊也取名为维尼。还有其他角色大部分也是根据罗宾的玩具而命名，但是其中瑞比和猫头鹰则是根据真实世界中的动物来命名的。

米尔恩曾这样介绍小熊维尼的故事："如果你长期居住在伦敦，就不可能没去过动物园。有些人参观动物园，从一个叫作'入口'的地方开始，然后以最快的速度经过每一个笼子，直到那个叫作'出口'的地方。但最善良的人们却是径直走到他们最喜爱的动物那里，然后一直待在那儿。所以，当克里斯托夫·罗宾来到动物园，他会直接奔向北极熊，然后跟左边第三个饲养员耳语几句，门就打开了。我们穿过昏暗的走廊，爬上陡峭的台阶，终于来到那个特别的笼子跟前，笼子被打开了，一团棕色的、毛茸茸的小东西跑了出来。罗宾欢快地喊着：'哦，小熊！'然后就投入了它的怀抱。现在，这头小熊的名字叫维尼。对于熊来说，这是一个多么棒的名字啊！"

该书描绘了一只可爱的小熊的故事，维尼是一个既调皮可爱又乐于助人的小熊，他特别喜欢吃蜂蜜，他的周围还有很多小伙伴，在他身上每天都会发生特别多好玩有趣的事情，这些故事在让小朋友哈哈大笑的同时，还能教小读者学会关心他人和互帮互助。在英国，小熊维尼的故事已成为每个孩子的成长推荐阅读图书，而且还被多国知名学者评选为"20世纪对人类影响最大的图书"之一。

《小熊维尼与蜂蜜树》这是1966年出品的迪士尼短片动画，也是迪士尼第一部小熊维尼的作品。迪士尼取得原作者授权后，首度将其书中的第一章画成短片动画《小熊维尼与蜂蜜树》，于1966年推出。

迪士尼动画短片《小熊维尼和蜂蜜树》之后，又在1968年推出了《小熊维尼和大风吹》和1971年《小熊维尼和跳跳虎》，后再将这三套短片合为一个长片《小熊维尼历险记》，直至现在，仍深受人们喜爱。从此，小熊维尼的故事更是不胫而走，成为全世界知名度最高、最深入人心和最具经典意义的童话形象之一。

华特对这部动画片的要求是尽可能保留原著文字和角色的独有魅力。动画导演欧利的点评是："这部作品的魅力在于角色的体贴和暖心。"经过迪士尼的再创作，小熊维尼看似呆头呆脑但却大智若愚，天真无邪、心地善良的个性化特征，更加凸显，所以，他的形象更受观众及游客的喜欢。

综上所述，小熊维尼原型就是伦敦动物园里的一头小熊，经过米尔恩的文学创作，成为一个经典的文学形象。米尔恩无愧为"小熊维尼之父"。而迪士尼将其搬上银幕，这是二度创作，后又将其引入迪士尼乐园的游乐项目，这是迪士尼将文学形象具象化、娱乐化的一大"法宝"。

翩翩而至的迪士尼公主

你想同迪士尼公主会面吗？进入迎宾阁——在此受到的欢迎或许你会永生难忘！

几位深受喜爱的迪士尼公主会时不时出现在城堡里——她们是灰姑娘、长发公主、贝儿公主和白雪公主。如果你偶遇她们，千万不要错过与迪士尼公主合照。她们是无邪和美丽的象征——向人们展示着爱、希望、勇气和善良。

翩翩而至的第一位迪士尼公主是白雪公主，她最早出现在1937年的迪士尼电影《白雪公主和七个小矮人》中。从那时起，陆续诞生了许多经典的迪士尼电影，里面出现了其他迪士尼公主的角色，这些电影包括《灰姑娘》《睡美人》《小美人鱼》《美女与野兽》《阿拉丁》《风中奇缘》《花木兰》《公主与青蛙》《魔发奇缘》《冰雪奇缘》以及迪士尼·皮克斯出品的电影《勇敢传说》。

这些迪士尼公主们赢得了全球观众的心，请让她们留存在你的记忆里：

白雪公主，拥有如雪般肌肤、玫瑰般红唇，是一位既温柔又善良的公主，她和七个小矮人成为了朋友，最后找到了真爱。

白雪公主这个形象最早来自《格林童话》。白雪公主是广泛流行于欧洲的一个童话人物，其中最著名的故事版本见于德国1812年的《格林童话》，讲述了白雪公主受到继母皇后（格林兄弟最初手稿中为生母）的虐待，逃到森林里，遇到七个小矮人的故事。

历史学家巴特尔称白雪公主的历史原型是1725年生于德国西部美茵河畔洛尔城的玛利亚·索菲亚·冯·埃尔塔尔。

第二位出现的是灰姑娘（仙蒂），她温柔婉约，机智幽默，善良美丽。这一位善良的姑娘相信，只要坚定信念，愿望总会成真——她获得仙女教母的帮助，赢得了白马王子的爱，最终逃离了奴役生活。

迪士尼在塑造仙蒂时，对其每一个动作，每一个表情，每一种情感，都取材于一位18岁的女演员海伦。原来迪士尼挑选了气质和形象都非常接近《仙履奇缘》里仙蒂的海伦，指导其将《仙履奇缘》的故事从头到尾表演了一遍，拍下实景电影，并以此为母本，对照观摩，然后才做出动画片来。

第三位是《睡美人》中的爱洛公主，为了表现爱洛的仪态万方，动画师还从电影明星奥黛丽·赫本身上汲取灵感。这位公主亭亭玉立、翩若惊鸿，每一个举动都带着大家闺秀的高贵优雅。同时，她的美妙动听的歌声，成为其个性特征的符号。

第四位是爱丽儿公主，其首次登场于《小美人鱼》。她自信、勇敢、执着、坚强，喜欢冒险，勇于追求幸福，为了王子奉献出自己美丽的歌喉。

这位爱丽儿公主，作为一条可爱的小美人鱼，向往的却是人鱼法律禁止接触的人类世界。她拥有强烈的好奇心，热爱冒险，几乎可以用探险家来形容她。她是大海之王川顿国王最心爱的女儿。她最好的朋友是小比目鱼小胖和音乐大臣赛巴斯丁。她乐于收集一切人类世界的东西，虽然她不知道怎么用。在一次探险中，她救起了几乎溺水的亚力克王子，并对他一见钟情。而她的一腔热情也让恶毒的海底女巫乌苏拉有机可趁。对于《小美人鱼》中爱丽儿头发的颜色，开始迪士尼内部争论不休。为了呈现红发在水下的效果，迪士尼还专门研究了宇航员莱德在太空中的镜头，以求达到出神入化的效果。

第五位叫贝儿公主。在 1991 年的《美女与野兽》里，这位法国乡村的漂亮姑娘贝儿出现了。她天生丽质，纯真自然，还是一位聪颖殷切的好学者，总是对遥远的城堡和激动人心的冒险有着一份渴望。她最喜欢的娱乐活动便是读书。虽然身边不乏追求者，可是贝儿仍然觉得自己在期待着真命天子的到来。当野兽俘虏了贝儿的父亲以后，她甘愿用自己的自由来换取父亲的生命。贝儿用自己的善良和聪明发现了野兽身上的许多闪光点，并爱上了他。凭着贝儿内心的坚韧和美丽的外貌，就在她吻下野兽的瞬间，奇迹发生了，野兽变成了英俊的王子，两人翩翩起舞，实现了她完美的梦想。迪士尼喜欢表现的一个主题：爱的救赎。贝儿公主的故事也没有例外。

第六位是茉莉公主。在 1992 年《阿拉丁》中，作为苏丹王的女儿，茉莉公主是个聪明、有主见，甚至有一点孤独的美丽公主。她遇到了一个最大的问题，就是按照法律规定，在她即将到来的生日之前她必须结婚，可是她并不愿意只是和一个拥有皇室权力的人结婚，相反，她希望可以找到一个自己爱的人。在她拒绝了一个又一个求婚者之后，她遇到了街头流浪汉阿拉丁，并深深地喜欢上了他。茉莉公主是迪士尼第一位不是出自欧洲童话故事的公主。据说，动画师在参考了许许多多的真人模特后，一天看到自己妹妹的毕业照片，茅塞顿开：这就是“茉莉公主”的形象。迪士尼就是这样将文字的茉莉公主“变成了”充满自信和追求自由品质的动画人物。

第七位公主叫宝嘉康蒂，这是第一位以真实人物为原型的迪士尼公主。故事发生在几百年前，这位美丽而勇敢的印第安女孩，爱上了一个英国探险家，并始终致力于为自己的人民带来和平，使之传为佳话。

《风中奇缘》中，当宝嘉康蒂的长发在瀑布石涯上空随风舞动时，她不曾想到人生即将永远改变。凯旋归来的父亲带来了婚事的祝愿，虽然贵为酋长之女，却无法选择自己想要的生活。无可奈何之下，满心疑惑的她到柳树婆婆处寻求指引，然而所有的归宿都指向一伙外来的不速之客。英国殖民者飘洋过海踏上新大陆的土地，这一切迅速俘获了宝嘉康蒂好奇的心，禀承了母亲与自然万物相融精神的她，通过倾听内心之声，得以突破语言障碍与庄迈斯上尉结识，两人更是在风中展开一段关于人与自然的伟大探索。可当宝嘉康蒂发现自己已经深深爱上了这个来自陌生世界的人时，双方人马却爆发冲突，庄迈斯沦为俘虏，生命危在旦夕。就在这千钧一发之际，宝嘉康蒂用身体挡在了父亲与爱人之间，她的所作所为使得双方终于领悟：唯有爱才可以化解仇恨。而后印第安公主的身影再次出现在石涯上，此刻的残缺成就了永恒的美丽。

第八位迪士尼公主——花木兰，这位勇敢的女孩将自己乔装成男人，加入了保卫国家的战争。木兰看起来并不适合她生活的世界，一个传统中国女孩所具备的优美、端庄、安静，她都不具备。但是当她的家乡和家庭受到外族入侵威胁的时候，她却毅然决定顶替她的父亲参军。在那里，她变得英勇、机智，并且决心用她自己的方式为她的家族和自己带来荣耀！

可以说木兰是迪士尼20世纪90年代所创造的新女孩形象——更加勇敢、更加独立，花费更少的经历在赢得男人的心上面。众所周知，木兰的形象和故事来自中国的传统作品。迪士尼以为，一般谈到中国时，首先让人想到的是腾云驾雾、上下翻腾的神龙，于是设计了木兰的守护神“木须龙”。加之由笛子、二胡、古筝等演奏的“木兰曲”，和中国山水画的背景效果，使中国文化“密码”全方位展现于影片中。

蒂安娜公主是第九位迪士尼公主。在《公主与青蛙》中，蒂安娜公主是新奥尔良的一位服务生，为了父亲的理想不停地工作。一位来自马尔多尼亚王国的王子纳温在新奥尔良中了邪恶巫师的黑暗魔法，变成了一只青蛙。他误将黑人姑娘蒂安娜当成了公主，让她吻他以解除魔法。不料蒂安娜真的吻了青蛙后，不但没能解开魔咒，自己也变成了一只青蛙。

于是两只青蛙前往密西西比河口寻找欧迪婆婆，求她帮他们俩解除魔咒，在此过程中，王子和蒂安娜相爱了……最后，当两只青蛙举行婚礼时，王子吻了蒂安娜，魔法也就此解除。因为嫁给了王子，蒂安娜也成了公主。

第十位公主是长发公主，这位拥有神奇长发的美丽女孩住在高塔里。在遇见真爱弗林·莱德之前，外面的世界仅仅存在于她的想象里。

《长发公主》是2010年迪士尼工作室出品的3D动画电影，改编自格林童话《莴苣姑娘》。影片故事主角是位有着一头长发的女孩乐佩，她的头发受到魔法的控制，也因此她自幼居住在一座与世隔绝的高塔上。有一天，一位身手矫健的，痞子帅哥大盗弗林·莱德来到高塔下方，发现这高塔正是最佳的藏身处，于是他徒手爬上了高塔，殊不知高塔上竟然有着一位美少女，一场奇缘就此展开。

第十一位公主叫梅莉达，这位有着一头红发的公主是一位天生的探险家和探索者，她希望能把握自己的命运。

《勇敢传说》是2012年美国迪士尼·皮克斯出品的动画电影。影片以中世纪的苏格兰为舞台，讲述主人公梅莉达抗争传统束缚，为争取自己获得真爱的权利，从而改变自己命运的故事。《勇敢传说》的故事创作并未过于艰苦，因为这个故事灵感就来自导演的女儿。影片里的公主，其实就是布伦达·查普曼女儿的化身。由于导演查普曼热爱童话、欣赏当代的女性以及那些亘古不变的历史故事，她渐渐萌生一种把当代家庭关系放置到古老童话里的念头，再加上对苏格兰难以割舍的情感，于是就有了《勇敢传说》整个故事结构。

最后两位公主分别是迪士尼3D电影动画片《冰雪奇缘》中的女主角，艾莎和安娜。安娜是阿伦戴尔的小公主，生性活泼开朗，有点热情一根筋，但实际细腻体贴，对家人和朋友极为重视。安娜与姐姐自小亲密无间，可因为某些原因她们逐渐疏远，而安娜一直都渴望与姐姐重回往日亲密。在艾莎因为某个秘密而封闭自己后，安娜一直没有放弃挽回姐姐的感情，即便被冷拒多次依旧期待能与姐姐一起生活。就在艾莎在登基大典上意外暴露了她的魔力，并意外将王国冰封之时，安娜毅然踏上了寻回亲人破除魔咒的冒险旅程。伴随她的执着无畏和对他人的信任，一场解救阿伦戴尔与亲人的冒险在冰天雪地中展开。《冰雪奇缘》并没有将结局定为“王子拯救公主”，而是用姐妹之间的真爱来化解一切危机，强调了亲人比一切浪漫都重要。正是这种不落俗套的故事设计，成功帮助《冰雪奇缘》横扫多项大奖。

有位迪士尼导演这样说过：“你讲述的故事要无懈可击。此外，其中的角色也要有超越作品本身的生命力。”迪士尼公主的形象，恰恰证明了这一点。她们被迪士尼动画演绎得活灵活现、栩栩如生。她们不仅仅成为人们心目中的艺术形象，更是人们心目中真正的公主。从 20 世纪 30 年代至今，迪士尼动画的创意源源不断，生生不息，这是因为其得到了迪士尼幻想工程师们的艺术滋养。他们的幻想不断被激发，灵感无限，为作品增光添彩，立下汗马功劳。不可否认这是迪士尼幻想工程师的艺术再创作，但，若没有那些被改编的名著，没有那些流传已久的传说故事，迪士尼动画岂不是成了无源之水、无本之木?

有关迪士尼公主的传说或故事，其真实性如何已经无关紧要。如今，她们一个个现身在上海迪士尼，飘然如仙，翩翩而至，广受热捧。快来迪士尼乐园一睹她们的芳容吧!

旋转木马的“幻想曲”

上海迪士尼乐园有个“奇想花园”主题园区，在这个风景如诗如画、田园风光旖旎的奇想花园里，飞马、露珠精灵和马车准备好带着你进入迪士尼《幻想曲》最令人难以忘怀的场景中。没错，它就是“幻想曲旋转木马”。一座漂亮又绚丽的有着华盖的亭子，一二十座木马涂着五彩缤纷的色彩，其旋转的原理同“小飞象”类似，也是机械传动，以连接杆将木马悬吊相连，靠中心的机械运动来带动木马旋转起来，或高或低。骑在马背上你会顿生奔跑跳跃的感觉，尤其是那悦耳的音乐，随着旋转，发出迷人欢快的旋律，让游客如痴如醉的心跳起来。到了夜晚，华盖下的彩灯，五光十色，分外炫目，令人眼花缭乱。难怪那些小女孩，格外喜爱享受旋转木马的欢乐，仿佛在此旋转中，能梦见那心中的“白马王子”。

当年在格里菲斯公园，看着年幼的女儿坐在旋转木马上，华特·迪士尼先生第一次萌生了建造迪士尼乐园的念头。正因如此，在每个迪士尼乐园的设计中，旋转木马都是核心元素。仙尘一挥，融合历史和传统，每个迪士尼旋转木马都营造出独一无二、让人怀念的美好体验，游客仿若踏上华丽的冒险之旅。在上海迪士尼乐园，灵感源自同名电影的“幻想曲旋转木马”标志着许多“第一次”：首次走出“梦幻世界”主题园区，首次采用经典音乐背景，首次打造多彩主题飞马。

上海迪士尼乐园的旋转木马名字中提及“幻想曲”，其背后有怎样的故事呢?

《幻想曲》是华特迪士尼公司出品的动画电影，由华特等人参与配音，于1940年11月13日在美国首映。

《幻想曲》共包括八个段落，这八个段落分别对应八首不同的古典乐曲。该片是由古典音乐与动画所搭配而成的作品，大致上可分成“故事音乐”“无特定主题音乐”和“交响乐”三大类，除了由米奇主演的“魔法师的徒弟”外，其他六个段落都无剧情，纯粹在表现影像与音乐的巧妙配合而已。然而，《幻想曲》中线条、色彩、光影随着音乐节奏不断变化营造的奇妙感觉，正是迪士尼动画艺术的魅力之源。

《幻想曲》所选取的八首著名的古典音乐及动画分别是：

1. 巴赫的《D小调触技曲与赋格曲》——从开场的交响乐队表演逐渐转变成抽象动画。

2. 柴可夫斯基的《核桃夹子组曲》——蘑菇、精灵以及花朵随着四季更迭翩翩起舞，季节转变的背景和人物化的仙子、鱼、花等形象，以及精妙的喷画等技术呈现出完全不同的视觉动态。

3. 杜卡斯的《魔法师的学徒》——主角是米奇，他是一位上进的魔术师，该段落讲述了他如何超越自己的极限，当学徒学习魔法的故事。米老鼠那身穿红袍子的小魔法师造型更是成为几十年来迪士尼最著名的代表性标记之一。

4. 斯特拉文斯基的《春之祭》——展现地球诞生时岩浆密布，以及恐龙如何从兴起走向灭绝的过程。画面内容是地球早期，恐龙时代及其消失的历史，史前的动物基本上是按原形来描绘的，同时使用了一系列复杂的特技效应来显示火山、沸腾的岩浆和地震等现象。

5.《中场休息 / 音轨登场》讲述银幕上的乐队暂时离场休息，通过一段“声波”展示音轨是如何录制的。

6. 贝多芬的《田园交响曲》——画面是希腊神话中的人马故事，酒神狄俄尼索斯召集众神参加一个宴会，但这场宴会却不欢而散，因为宙斯用雷来击众神以取欢，视觉非常流畅精致。

7. 阿米尔卡尔 · 蓬基耶利《时辰之舞》——动画内容是大象、鸵鸟、河马、鳄鱼等展现芭蕾舞姿，一群笨拙的身体诙谐灵动地跳着时辰之舞，跟着音乐近乎疯狂的律动让人忍俊不禁。

8. 穆索尔斯基的《荒山之夜》/ 舒伯特的《圣母颂》——黑暗与光明之间的斗争，最终黑暗邪恶势力的反抗随着清晨的到来而结束。在黎明的森林中持烛行进，一切回归于庄严，多平面动画摄影手法下的美丽日出，壮观地为全剧画上句号。

《幻想曲》是动画影史上一部里程碑式的作品，它首次尝试将音乐和美术进行一次伟大的结合，以美术来诠释音乐，使得动画片的表现形式走向多元化，实现艺术跨界合作的可能。

尽管像《幻想曲》动画这类“音乐感觉决定视觉设计”的案例并不多，但“音乐感觉决定歌词写作”的做法却很常见。

音乐是一种抽象艺术，更是一种情感的表达。我们看到确定的视觉故事之后，不妨再回头听听原初的音乐，可能会有另外一种只属于自己的特别感觉。

迪士尼有这样一个动画理念，即强调动画要给人全方位的视听感受。自从动画诞生以来，配乐一直是动画不可或缺的重要组成部分。然而，还没有哪一部动画像《幻想曲》一样，将音乐放置在超越剧情的位置上，在这里，音乐已经不只是配乐，而成为绝对主角。

正如华特所说：“幻想曲是永恒之作！”如今，旋转木马就伴随着经典音乐在上海迪士尼乐园“旋转”着……

“狼孩”来到了上海迪士尼

在上海迪士尼乐园里的“欢笑聚友会”，你可能会遇见著名的猩猩、树懒和狮子等迪士尼朋友，和他们打个招呼吧！欢笑聚友会是丛林中的一处特别的聚会地点，亚柏栎风情乐手们将在这里演奏部落风情乐曲——迪士尼经典动画电影《森林王子》和《狮子王》里的明星也适时地出现在你的身边。

迪士尼经典动画里出现的丛林将在这里呈现。在这座神奇岛屿的丛林里，居住着一群迪士尼朋友，他们来自多部深受人们喜爱的迪士尼经典动画电影，了解这些有关丛林的电影和里面出现的动画明星们，看看哪些角色现身后会让你惊讶。

《森林王子》的主角是一个叫作莫戈里的小男孩，他从小被狼群收养，并且在森林中长大……后来邪恶的老虎回到了森林。老虎痛恨人类，因此莫戈里受到很大的威胁，他的朋友们也希望他能回到人类中去以躲避生命危险，但是莫戈里却想要和森林里多年的朋友们在一起。为了保证莫戈里的安全，狼群决定把他送到当地的一个人类部落里去。在去往部落村庄的路上，莫戈里遇见了许多动物，经历了一系列稀奇古怪的事情。然而当老虎卡恩知道了莫戈里的下落后，也马上追踪而至……

《森林王子》是华特·迪士尼生前的最后一部迪士尼长篇动画，取材自英国著名作家吉卜林的小说《丛林故事》。

拉迪亚德·吉卜林，英国小说家、诗人，1865年出生于印度。吉卜林一生共创作了8部诗集、4部长篇小说、21部短篇小说集和历史故事集，以及大量散文、随笔、游记等。他的作品简洁凝练，充满异国情调，尤其在短篇小说方面，是无与伦比的。马克·吐温曾盛赞吉卜林的作品，“我了解吉卜林的书……它们从来不会变得苍白，它们保持着缤纷的色彩；它们永远是新鲜的。”由于其“观察的能力、新颖的想象、雄浑的思想和杰出的叙事才能”，他于1907年获得诺贝尔文学奖，成为英国第一位获此奖的作家。《丛林故事》及《丛林故事续篇》为吉卜林最负盛名的作品。

《丛林故事》一百年来被翻译成各种文字，在世界上广为流传。全书由七个独立的中篇小说集结而成，讲述了“狼孩”莫戈里和其他几种不同动物的故事。作品中塑造了机智勇敢的“狼孩”莫戈里以及憨厚的老熊、机敏的黑豹、不畏艰险的白海豹和不惧强暴的捕蛇英雄小獴等诸多个性鲜明、令人难忘的形象，故事情节惊险曲折、引人入胜。书中除《白海豹》之外，故事情节均发生在印度，向读者展开了一幅神秘而又壮阔的印度丛林图卷，因此作品又充满了别具特色的异域风情。

一位作家这样评价吉卜林：“不仅在文学上，乃至在世界上的所有英语国家中，他都被认为是最具影响力的人。”

其实，迪士尼非常善于从各国的文化中汲取素材，《丛林故事》并不是什么特例。像《白雪公主和七个小矮人》是来自德国的格林童话、《木偶奇遇记》是意大利童话、《美女与野兽》是法国童话、《狮子王》是改编自莎士比亚的《哈姆雷特》。也就是说，全世界的故事都可以被改编成迪士尼电影。迪士尼首先是将素材美国化，让其适应美国人的口味；其次是将素材全球化，让任何文化背景的人都能看懂。迪士尼将传统故事用影像化的方式重新讲述，再无差别地推向全世界，也相当于是对民间传说的新发展，形成一种独特的20世纪文本。

同时，迪士尼也擅长重塑自己的经典。这些年迪士尼除了收购皮克斯、漫威和卢卡斯影业，迪士尼也一直重塑旗下的经典角色并将其搬到银幕前，真人实拍的动画改编电影将是重头戏，如已经推出的《灰姑娘》《爱丽丝梦游仙境》《美女与野兽》以及《森林王子》等。

迪士尼多渠道地挖掘题材，多样化地吸收文化精华，使迪士尼文化库越来越庞大，越来越精深，越来越受到各种文化背景的游客的喜爱。

在迪士尼幻想工程师的策划下，生动有趣的上海迪士尼乐园“欢笑聚友会”得以顺利与你见面。由此，“狼孩”莫戈里，不远万里来到了上海迪士尼乐园，成为广大游客的又一位好朋友。

米奇从《威利汽船》远航

“米奇俱乐部”，是上海迪士尼乐园的一个景点，也是米奇的家，更是广大“迪迷”的家。

米奇是从何而来的？米奇（米老鼠）的形象于90年前诞生，当时首部有声卡通电影《威利汽船》在纽约上映，主角是一只有着大而圆的耳朵、穿靴戴帽的小老鼠，这部影片在纽约造成轰动，米老鼠也很快成为闻名世界的明星。

在开始创作时，华特原来想把米老鼠叫作“莫蒂默鼠”，但华特的妻子莉莉说，她觉得“莫蒂默”听起来太华而不实，建议取一个妙趣与谦逊品质兼备的名字，因此就将名字改成了“米奇”。在1929年3月28日上映的短片《奥普里之屋》里，米老鼠开始戴上了白手套，从此，米老鼠在大多形象中都戴了手套，直到今天。在华特的传记中，他说明了理由，“我们不希望给米老鼠画上老鼠的手，因为他应该更像一个人类，所以我们给他戴上了手套。”这个举动使米老鼠更加人性化，模仿人类也看起来非常自然了。1978年11月18日，米老鼠成为首个在好莱坞星光大道拥有一颗星星的卡通人物，以此纪念其诞生50周年。这颗星星位于好莱坞大道6925号。在谈到自己的成就时，华特最出名的一句格言就是：“我只希望人们不要忘记一件事，那就是一切都源于一只老鼠。”

一鸣惊人的《威利汽船》，是米奇的“出生之处”。

1928 年 3 月，和米兹谈崩后的华特坐上了回到洛杉矶的火车，途经他出生和奋斗的地方——堪萨斯，以及他所有创作灵感的发源地——马瑟琳镇。华特回想起自己在“欢笑卡通”作画时，曾有一只调皮的老鼠相伴，华特以这段经历为灵感，集结了工作室仅存的三位员工，一边赶制最后的三部“幸运兔奥斯华”影片，一边和老伙计伊沃克斯秘密创作一只名叫“莫蒂默”的卡通老鼠，最终，风靡全球的米老鼠就此诞生了。

经典诞生于不经意中，它经历时间的磨砺而愈发得以验证。迪士尼的经典动画角色——米老鼠的诞生过程同样可以说明问题。和许多人想象的不同，这个与迪士尼共同成长起来的标志性动画角色也不是水到渠成般地横空出世。在米老鼠诞生以前，迪士尼曾经创作过一只叫奥斯华的长耳朵卡通兔形象，1928 年华特和设计师们一起讨论，如何创作一个更可爱的卡通形象。他们把奥斯华画在纸上，然后开始修改：把耳朵变圆，给短裤加上纽扣，给大脚穿上鞋子，双手戴上手套，再加上一条可爱的尾巴……不一会儿，一个可爱的老鼠形象就跃然纸上了。华特眼前一亮，就是这只小老鼠！而后他的夫人莉莉给它起了个响亮的名字“米奇”。华特以米奇为主角创作了几部动画短片，还亲自给米老鼠配了音。这其中就有后来的第一部有声动画片、标志着米老鼠形象正式诞生的《威利汽船》。

1928 年 11 月 18 日，《威利汽船》上映（米奇老鼠的生日便定为了那天）。争气的米老鼠上映后一夜成名，华特从此踏上了通向名声、财富和不朽的道路。其实，《威利汽船》并不是第一部完成的米奇动画，在这之前华特和他的伙伴已经完成了《飞机迷》和《飞奔的高卓人》的制作，但是发行商都没有看中。然而，历史给了米老鼠又一个机会。

米奇是一个被动画拟人化的老鼠，也是迪士尼最著名的角色。作为公司的吉祥物，米奇迅速上升到美国文化的巅峰，成为世界上最受欢迎的卡通人物。卡特总统曾说："米老鼠是商誉的象征，超越所有的语言和文化。当你看到米老鼠，就看到了幸福。"

从《威利汽船》米奇登场后，直到今天他还活跃在我们的周围，以短片、电影、剧集和玩偶的形式出现。

迪士尼公司从 1928 年推出《威利汽船》以来，已经经历了近 90 年的发展，不仅米老鼠的形象发生了变化，以创新、品质、乐观为品牌核心的迪士尼公司也在不断地发展扩张，迪士尼相继通过收购皮克斯、漫威娱乐、卢卡斯影业壮大了自身。除此之外，迪士尼旗下还有试金石电影公司、米拉麦克斯电影公司、博伟影视公司、好莱坞电影公司、ESPN 体育、美国广播公司等品牌。一座深不可测的娱乐帝国就这样缔造了。

迪士尼从米奇开始发迹，而米奇正是从《威利汽船》开始远行……

米奇大街上的“小米大厨”身世

“米奇大街”是想象力的策源地。这个热情好客又奇幻多彩的街区布满了各式各样的商店和餐馆。“米奇大街”是全球迪士尼乐园中第一个以米奇和他的伙伴为特色的迎宾大道，充分展现了友情的主题。一踏进这个区域，你就可以感受到整个上海迪士尼乐园欢快的基调。游客们将外面的世界抛诸脑后，进入各个充满冒险、梦幻和未来的主题园区。

其实，上海迪士尼的米奇大街如同其他迪士尼乐园的美国小镇大街。

“1890—1910 年的美国，正处于新旧交替的年代，这时候，煤气灯逐渐被电灯淘汰；旧式马车也被机动车辆及有轨电车取代。而 19 世纪末的新发现，更改变了我们在这个交替时期的生活方式。”这是华特·迪士尼的总结之言。而美国小镇大街，则根据典型的美国小镇设计而成，展现的正是这个特殊年代。

在洛杉矶迪士尼，走进美国小镇大街，映入眼帘的便是 20 世纪初的美国市镇的风貌，这是迪士尼乐园的第一道风景线。各种不同装饰风格的建筑，专售迪士尼商品，是游客购物的必到之处。游客可在大街观看一番巡游表演，抑或到街心花园的华特·迪士尼和米老鼠铜像前留影。

主街上的蒸汽火车、单轨电车，展示了早期美国小镇的纯朴生活。许多场景都是仿造100多年前的美国景观所建，一草一木均有相当古味。对参观游客而言，美国大街是进入迪士尼各主题园区的第一站，因此又有“时光隧道”的效果。美国大街拥有众多服务设施、商店，此地更是观赏迪士尼花车游行的最佳地点。不过，要想占到最佳位子，可要提早至少半个小时准备。

游客一进入上海迪士尼乐园入口便步入了“米奇大街”，它将是全球迪士尼乐园中第一个以米奇和他的伙伴为主题的迎宾大道，美妮、唐老鸭、黛丝、高飞以及布鲁托等一众伙伴将在这里欢聚。游客在进入其他主题园区前，就有机会了解到更多关于经典的迪士尼朋友和他们的故事。例如“帕帕里诺冰激凌”店内的壁画上，游客会看到冰激凌店老板——唐老鸭的意大利家族族谱。

“M大街购物廊”坐落于“米奇大街”上，为游客提供主题乐园内最丰富的礼品和纪念品，包括一系列精选服装、配饰、礼品、家饰品和首饰。购物廊别致的外观设计旨在向最著名的迪士尼明星致敬，用马赛克壁画的方式呈现着他们所代表的美德：米奇（好客）、美妮与小猫费加洛（关爱）、高飞（乐观）、唐老鸭（博识）、黛丝（友善）、布鲁托和菲菲（慷慨）以及奇奇与蒂蒂（友谊）。甚至连收银区都有特别的主题——史高治·麦克老鸭的第一家银行。

“米奇好伙伴美味集市”是一间柜台点餐式餐厅。游客在享用中西式美食的同时，还能观赏到邻近的花园、“幻想曲旋转木马”和“奇幻童话城堡”的美景。游客可以从四个主题餐厅——“米奇厨房”“托尼餐馆”“黛丝咖啡屋”和“三骑士”中择一用餐，与亲朋好友欢聚一堂。“米奇好伙伴美味集市”的设计仿佛一个露天市场并拥有四个开放式厨房，其中的壁画充分展现了“米奇大街”的田园传统，上面绘有米奇和他的伙伴们一起播种，一起收获，共享欢乐时光的场景。

“甜心糖果”代表着美妮童年的家。采用安妮女王式风格设计的糖果店是为了庆贺迪士尼第一对情侣——米奇和美妮。游客会在店内看到讲述这对情侣恋爱故事的壁画和甜蜜场景。店内布满了鲜花、爱心，以及灵感来自美妮经典的红白相间波点裙的设计元素，还有各种以迪士尼形象为元象的手工糖果。

“小米大厨烘焙坊”是以《美食总动员》中的角色小米为原型的法式烘焙坊，提供各式面包、糕点和松饼，还有餐厅厨房制作的新鲜甜点。木制百叶窗、花箱、露天座椅和以法式咖啡馆为灵感的装饰画，令烘焙坊别具特色。墙上小小的支架和梯子令人不禁猜想《美食总动员》中热爱烹饪的小米也许正在厨房里准备特别的美食呢！

然而，在上海迪士尼的米奇大街，这座小米大厨烘焙坊，却是颇有来头。

《美食总动员》(又名《料理鼠王》) 是迪士尼·皮克斯的动画长片。讲述一只名叫小米的小老鼠不顾家人的意愿和“厨房永远不欢迎老鼠”的事实，一心想成为一个伟大的法国大厨的故事。

当命运把它带到巴黎下水道时，它发现自己正好来到了它仰慕已久的著名厨师掌勺的一家著名法国餐馆的下面。人们自然很不欢迎这个不请自来的闯入者，于是小米对于烹调的热情很快就变成了一场精彩而激动人心的老鼠赛跑，把整个巴黎美食界搅得天翻地覆！

渐渐地，小米发现自己正在被理想和现实撕裂：究竟是继续追逐自己的理想成为厨师，还是回去踏踏实实永远做一只老鼠？

就在小米饱受折磨准备放弃的时候，他发现餐馆厨房里有一个倒霉的学徒林奎尼。因为生性害羞而遭排斥的他，在厨艺上更是没什么天赋，即将面对被解雇的命运。于是，同被逼上绝境的一人一鼠，竟然结成了一个不可思议的同盟：林奎尼以人的身份在前台"表演"，小米则奉献了它那有创造力的大脑，在幕后进行操纵，没想到他们竟然共同获得了不可思议的成功。林奎尼在小米的帮助下，成了整个法国饮食业的"天才厨师"，他们撼动的，可不仅仅是巴黎，还包括整个世界的价值观。

可见，即使是再微不足道的小人物，也有怀揣梦想的权力，哪怕它只是一只生活在阴沟里的老鼠……

小米曾经这样说过："这是我，我认为我需要重新思考、定位一下我的人生。我实在是忍不住。我……我喜欢好吃的食物，知道吗？而且……好吃的食物……对于一只老鼠，是非常难找到的。"当它理解了朋友、家庭的真正意义后，它决定就做真正的自己——一只想当厨师的老鼠！

这就是那只颇有故事的老鼠——小米的来历。如今，小米成为上海迪士尼米奇大街上的著名金字招牌，不知道其文化背景的游客是否能够真正接受或者喜爱它呢？

中外十二生肖的文化异同

漫步在别出心裁的上海迪士尼乐园“十二朋友园”中，欣赏迪士尼明星逐个演绎中国十二生肖。十二朋友园周围樱桃树环绕，墙上陈列着十二幅色彩缤纷的马赛克壁画，每一幅壁画刻画了代表各个十二生肖的迪士尼朋友。你可以与家人、朋友齐聚在鸟语花香的十二朋友园，迎接新的一天。

在中华民族漫长的历史长河中，十二生肖的名称在不断地发展与变化，从不同历史时期对十二生肖的异名别称中，我们可以清晰地了解到十二生肖名称发展演变的历史。

在人类历史上，人与动物有着一种特殊的关系。从原始社会开始，我们的祖先就认为人与动物有着血缘关系，因此，对它们的崇拜，胜过了对人自己。在中华民族漫长的历史长河中，我们可以感受到生肖文化的辉煌灿烂。生肖又称属相，在中国，生肖是代表年份的动物，十二生肖分别由自然界的鼠、牛、虎、兔、蛇、马、羊、猴、鸡、狗、猪以及传说中的龙所组成。一年一种属相，十二年一个轮回。

上海迪士尼乐园将迪士尼经典动画形象与中国传统文化中的十二生肖一一对应，并做了对比与补充，展现了迪士尼对本土化的一种创意。

在上海迪士尼乐园十二生肖朋友园里，鼠年之小米：因迪士尼·皮克斯推出的动画电影《美食总动员》而家喻户晓的小米，坚定、聪颖且魅力非凡，是一只心怀远大梦想的老鼠。如果你出生在鼠年，那么你可能和小米一样，能够巧妙从容地应对任何状况，甚至可能和它一样拥有惊人灵敏的嗅觉。

而中国民俗文化十二生肖里以为，鼠年出生的人—— 敏锐乐观。性格：为人坦诚、单纯，具有敏锐的直观，以感觉来判断事物，属性急、急功型，虚荣心强，常因异性之事而失败，经济、财动佳。

迪士尼的牛年之宝贝蓝牛：在 1958 年上映的迪士尼动画短片《保罗·班扬》中，力大无穷的伐木工人保罗解救了冻伤的宝贝蓝牛，他们此后结为一生挚友，携手走遍各地。宝贝蓝牛可靠、善良、强壮，拥有一颗宽容博爱的心，是保罗·班扬最好的朋友。你也出生在牛年吗？如果是的话，你和宝贝蓝牛一样，有耐心且很有分寸感，带着固执的善良。

民俗文化里解读牛年出生的人——勤勉踏实。性格：沉默寡言，为人正直，纯朴，不愿伪装表面，富于耐性的同情心，勤劳、努力、坚毅的习惯，思考力强，坚持己见，有大家气概，做事很精细，晚年将鸿图大展。

迪士尼的虎年之跳跳虎：跳跳虎在 1968 年推出的迪士尼经典动画《小熊维尼与大风吹》中首次登场，精力旺盛、蹦蹦跳跳的他，对自己的与众不同感到自豪。跳跳虎是小熊维尼的朋友，自信、热情、勇敢，性格真的特别好！跳跳虎可爱的外表下隐藏着一颗坚毅刚强的心。虎年出生的你也一样内心刚强，魅力无穷，热衷尝试一切新事物。

民俗文化里解读虎年出生的人——富于冒险。性格：富于正义感，讲道理，男性外刚而内柔，女性则外柔而内刚，具有组织才能，富于发明、革命性的开拓精神，热心公益。就女性而言，是不让须眉型。

迪士尼的兔年之桑普：桑普在1942年上映的迪士尼经典动画《小鹿斑比》中首次亮相，他是小鹿斑比这个森林王子的导师、守护者和好朋友。此后，桑普频频出现在迪士尼电影、电视节目和各种主题公园景点中。兔子桑普谦虚、正直，深谙丛林生存技巧，非常惹人喜爱。兔年出生的你和桑普一样善良友爱，被好朋友视为忠实的守护者。

民俗文化里解读兔年出生的人——高贵典雅。性格：为人乐观、快活；不愿过拘束的生活，为追求理想而前进，但因实施能力薄弱，故事多不成；凡有新流行，就是走在前端；防卫观念非常敏锐。

迪士尼的龙年之木须龙：木须龙在迪士尼经典动画《花木兰》中首次亮相，他是花木兰的忠诚守护神，深受影迷喜爱。木须龙勇敢、幸运、幽默诙谐、魅力非凡，小小身躯满怀宏大志向，是花木兰的好朋友。龙年出生的你和木须龙一样自信、富有创造力且满怀热情。无论是对于守护神还是对于普通人来说，这些品质都是难能可贵的。

民俗文化里解读龙年出生的人——气宇轩昂。性格：刚毅热情，有强烈的上进心；属聪明才智型，但缺乏思虑的耐心，做事常半途而废；表面冷漠，其实内心拥有极强的仁侠骨气，处处为他人着想。

迪士尼的蛇年之大蟒蛇卡奥：卡奥在1967年上映的迪士尼卖座动画电影《森林王子》中首次登场。他试图催眠“狼孩”莫义里，让其成为自己的腹中餐，但屡屡失败。不过，影迷就喜欢他的蠢萌与锲而不舍。卡奥果敢、洞察力强、令人信服，有时要耍小聪明，却闹出令人捧腹的笑话，这完全是他意料之外的。出生在蛇年的你和卡奥一样魅力十足、聪明伶俐、渴望成功。

民俗文化里解读蛇年出生的人——神秘莫测。性格：具有周密的思考力，立定志愿后必勇往直前，表面坦诚，其实是神经质、猜疑心强的人，智能高，具有审美感，是个艺术天才。

迪士尼的马年之捍马马克西姆斯：马克西姆斯在2010年上映的迪士尼动画电影《魔发奇缘》中亮相，他是全国的四蹄动物中跑得最快的。作为皇室御用捍马，马克西姆斯英勇无畏、大胆自信。他捍卫正义，永不言弃！马年出生的你也一样独立自主、意志坚定，而且忠心耿耿，志向远大，喜欢冒险。

民俗文化里解读马年出生的人——独立奔放。性格：为人豪爽、活泼，推断力强，头脑灵活，机智、迅速，为人坦率、正直，对事物的好恶差距大，很容易走极端，是个性急、任性的人。

迪士尼的羊年之欢乐小羊：这些欢快跳跃的小羊出自1964年上映的迪士尼影片《欢乐满人间》。他们同玛丽、伯特以及唱诗班欢快合唱插曲《欢乐假日》。这些小羊优雅、平和、温柔，爱好和平，每天都过得很快乐。羊年出生的你善良、灵敏，文静又充满魅力，这样的性格堪称完美！

民俗文化里解读羊年出生的人——温文儒雅。性格：柔和而稳重，有深厚的人情味，是重仁义的好人，具有细腻的思考力，有毅力，可得一技之长，表面柔和而内心却是坚持己见，反抗精神强，防御本能极优。

迪士尼的猴年之阿布：阿布在迪士尼动画电影《阿拉丁》中首次亮相，是阿拉丁的宠物。阿布一经亮相便备受喜爱，他忠诚、灵敏机智且精力旺盛。猴年出生的你和这位阿拉丁的伙伴一样聪明伶俐、多才多艺、精力充沛。

民俗文化里解读猴年出生的人——机智伶俐。性格：幽默、机智、活泼，多方面的才能常超越人群，人缘好，但重名利，独占欲强，处事敏捷，自信心强，手脚灵活，善于模仿，开放，性格宽厚。

迪士尼的鸡年之阿伦：魅力非凡的阿伦不仅是迪士尼影片《罗宾汉》的故事叙述者，也是值得罗宾汉、小约翰、塔克修士信赖的同盟。阿伦忠诚、善良，派头十足。这只充满乐感的大公鸡总是给人带来欢乐。他会弹奏曼陀林，有时会远游。鸡年出生的你和阿伦一样独立自主、充满自信、判断力强。要对付诺丁汉，这些品质特征尤其重要。

民俗文化里解读鸡年出生的人——神采奕奕。性格：发表力、表现力强，能注意到事物的细节，为人温和、谦虚而谨慎，有强烈的经济观念，但虚荣心强，爱享受，喜派头，走流行，对异性的诱惑常无法克制。

迪士尼的狗年之布鲁托：布鲁托 1930 年在《苦役犯》中首次亮相，也曾在动画短片《糊涂交响曲》中出演，自那以后，他渐渐跻身成为迪士尼大明星，成为世界上最受欢迎的狗明星。布鲁托是米奇的最佳拍档。他忠诚、幽默，有一颗金子般的心，为了保护朋友可以奋不顾身。布鲁托深受数百万影迷的喜爱。像布鲁托一样，属狗的你勇敢、正直、积极乐观。

民俗文化里解读狗年出生的人——忠诚正直。性格：为人正直，守规矩，有责任感，对上司、长辈敬重，工作认真，自我观念极浓，缺乏通融性，所以常失去许多美好的事物，防卫意识强。

迪士尼的猪年之火腿：火腿在迪士尼·皮克斯推出的影片《玩具总动员》里，火腿是一只爱说俏皮话的塑料小猪储蓄罐。在《汽车总动员》中，火腿也有亮相。他乐于助人，看似休闲，但一本正经，值得信赖。他绝对能帮你把零钱存好。属猪的你怀有感恩之心，可爱可敬、积极乐观，就像《玩具总动员》中胡迪的这位妙语连珠的朋友。

民俗文化里解读猪年出生的人——性情率直。性格：崇高义理、人情、纯情，律己甚严，缺乏应变能力，经济观念发达，具有理性能力，平时沉默寡言，独断独行，常因异性的事而起波折。

总之，中外文化会有所不同，对十二生肖的理解和诠释也可以求同存异。

据资料显示，上海迪士尼乐园在尚未开园前的2016年年度规划中，将“本土化策略”放在第一条。华特迪士尼公司大中华区董事总经理强调，“一定要确保我们做的事情是符合中国本土的。”所以，当你看到迪士尼人物表现的十二生肖可千万别惊讶。

诚然，迪士尼非常善于从各国的文化中汲取素材，十二生肖朋友园并不是什么特例。

迪士尼是西方的也是美国的，或者说迪士尼乐园就是迪士尼的。中美文化之河，虽然有着各自不同的起源、不同的发展之路、不同的性格、风格、色彩……但它们却在这座乐园当中得以汇聚、交融。

经典歌曲余音绕梁

在上海迪士尼乐园里，每天歌声袅袅，延绵不绝。在这里，“金色童话经典演唱会”日日上演，这是上海迪士尼乐园上演的华丽盛典，你可以和广受喜爱的迪士尼公主们一起唱颂属于她们的故事和歌曲。

欣赏你最喜爱的迪士尼公主们倾情上演的音乐舞台盛宴，领略奇妙魔力和动人乐曲。白雪公主、安娜、艾莎、茉莉、爱丽儿和梅莉达诚邀你加入她们，一同前往奇幻城堡前的奇想花园，观赏精彩绝伦的日间演出。

不同年龄段的游客将透过迪士尼朋友绝美的演出服装和难忘的美妙音乐，兴高采烈地融入到迪士尼经典的娱乐庆典中。快来亲身感受这有趣浪漫、欢乐刺激的体验吧，让我们一起做一个永远幸福美满的美梦！

迪士尼的动画长片之所以成为经典，其电影配乐可谓功不可没。

爱情一直是迪士尼作品的一大主题，伴随着一部部家喻户晓的动画片诞生，它精心打造的一首首浪漫动人的爱情歌曲也早已深入人心，这些乐曲不仅屡获奥斯卡和金球奖，而且至今依旧受到人们的喜爱。

迪士尼诞生几十年来，涌现并流传了许多首脍炙人口的抒情歌曲，从早期爵士大师为《匹诺曹》演绎的《When You Wish Upon A Star》、《小鹿斑比》中获奥斯卡最佳歌曲提名的《Love Is A Song》，到近年来迪士尼巨制《狮子王》的主题曲《Can You Feel The Love Tonight》、著名流行歌手 Phil Collins 为《人猿泰山》特别创作的《You'll Be In My Heart》，迪士尼的原创佳作都一一汇集其中。作品全出自历年的卖座电影，包括《阿拉丁》《美女与野兽》《小美人鱼》《玩具总动员》《花木兰》等。这些经典之作不仅会唤起人们童年的难忘记忆，更会被爱的记忆所温暖。

迪士尼经典歌曲，随着时光的磨砺而更为熠熠发光。

《白雪公主》主题曲《总有一天我的王子会出现》：

某个地方等着我
有一个我渴望见到的人
我不能不崇拜的人
会永远让我激动的人
有一天我的王子会到来
总有一天我会找到我的爱
那一刻会多么激动人心
当我梦中的王子来到我身边
他会低声说我爱你
偷一两个吻
虽然他离我很远
但总有一天我会找到我的爱人
……

迪士尼动画片《灰姑娘》主题曲是《梦是你心中的希望》：

当你熟睡的时候
在梦里你将失去你的心痛
无论你希望你保持什么
相信你的梦想
有一天你的彩虹会微笑着穿过
不管你的心多么悲伤
如果你继续相信
你希望的梦想会成真
梦想是你的心许下的愿望
……

《阿拉丁》主题曲《一个全新的世界》：

我能够为你呈现
一个闪亮辉煌的世界
告诉我，小公主
你上一次让心决定是在何时？
我可以为你扩展视界
带你看尽一幕幕路旁与地下的奇景
借着一趟魔毯之旅

一个崭新的世界

……

《勇敢传说》插曲《Touch the Sky》(触摸天空):

当冷风呼啸

碧空如洗

薄雾笼罩的群山歌唱着

召唤着引领我进入光明

我将疾驰

我将飞翔追逐风

触碰天空

我将飞翔

追逐风

触碰天空

……

《木偶奇遇记》主题曲《当你向星星许愿》:

当一颗星星诞生

他们有一两件礼物

其中之一是

他们有能力实现愿望

当你向星星许愿

你是谁并不重要

你心中所渴望的一切都会来到你身边

……

当你向星星许愿

你的梦想成真

当你向星星许愿

你是谁并不重要

你心中所渴望的一切都会来到你身边

……

迪士尼的经典歌曲，同其迪士尼音乐密不可分。有专家指出：从20世纪90年代开始，迪士尼动画电影音乐成为迪士尼品牌的一大重要组成部分，带来了世界性的商业化影响。随着电脑音乐的盛行和发展，迪士尼动画公司在乐曲创造方面使用了大量高科技，使得音乐的元素多样化了，创造更显独立性、动画故事情节与音乐的结合也更加紧密。更重要的是，此时的电影音乐可以说是商业化了，如原声带《狮子王》，片子中的主题曲和插曲都是由当时著名的歌星演唱，明星效应促使这部影片在世界引起了巨大的热潮，并让这部影片的原声带销售量取得了前所未有的成功，持续影响了动画电影原声带的发展。直到现在，迪士尼动画电影音乐已经成为主流音乐的分支。

音乐是迪士尼动画表达内心情感的一大优势，尤其是那些朗朗上口的好歌曲，为以后影片和百老汇“音乐剧”形式的崛起打下基础。迪士尼的歌曲，很自然地切入情节、推动情节，填词更是切合角色前景。歌曲，作为迪士尼音乐的一部分，早已同迪士尼音乐融为一体，广为流传。我们从这些歌曲的歌词中，便可领略迪士尼文化的无穷魅力。

而今，迪士尼经典歌曲不仅仅在上海迪士尼乐园余音绕梁，而且在无数的游客心中久久回荡……

走出童话的“白雪公主”

难道这是梦幻吗？难道这是魔法吗？穿过魔镜，进入奇幻世界——白雪公主的童话世界。奇幻童话城堡在召唤你，魔镜在呼唤你。仙尘会指引你走上旋转楼梯，来到一间有柱子的大房间。魔镜就在眼前。现在，进入白雪公主的梦幻世界，你成了这个经典故事的一员，切身体验人人都在讲述的故事。

这是上海迪士尼的白雪公主的“童话世界”。其实，自 1955 年洛杉矶迪士尼乐园开幕，便有白雪公主的主题景点。此后全球每一个迪士尼乐园都有源于《白雪公主》的游乐项目，这一传统延续到了上海迪士尼乐园。

白雪公主，本是《格林童话》里的人物，她又如何成为迪士尼的公主呢？

《白雪公主》是广泛流行于世界的一篇德国童话，其著名的版本见于德国格林兄弟的《格林童话》，全球各个国家都不乏以这一故事为蓝本创作的艺术作品。

雅各·格林与威廉·格林，是 19 世纪德国的两位博学多识的学者、民间文学研究家、语言学家、历史学家，但他们最卓越的成就，却是世界著名的童话故事搜集家。格林兄弟搜集整理而成的《格林童话》共收录童话 216 篇，是世界文学史上的瑰宝。他们在语言学研究方面也成果丰硕，是日耳曼语言学的奠基人。

《格林童话》是他们的巅峰之作。

当《格林童话》问世后，孩子们立刻沉浸在故事情节之中，对其爱不释手。可以说格林兄弟创造了一个世界性的奇迹，因为几乎每个家庭都将《格林童话》作为必读书目。

但《格林童话》与《安徒生童话》不同，它不是原创的童话故事，而是在民间童话、传记、神话的基础上加工而成的，因而通俗、质朴的风格尽显其中。同时，在《格林童话》中，自然与神奇、现实与浪漫又融为一体，使故事真实性、梦幻感并存。语言上朴实无华、通俗易懂，充满了浓郁的乡土气息，令读者读时有亲切之感。

《格林童话：白雪公主》讲述的故事内容是：很久以前的遥远国度里生活着一位父母双亡的白雪公主。那个国家狠毒的女王自以为是世界上最美丽的女人，但魔镜却告诉了她一个令她气急败坏的事实："白雪公主比她更美！"心狠手辣的女王派武士将白雪公主送到森林中杀死。富有同情心的武士放走了白雪公主，她在密林深处遇到了七个善良的小矮人。在听了白雪公主的不幸遭遇后，小矮人收留了她。女王从魔镜那里知道白雪公主没有死，便将自已变成一个老太婆，趁小矮人不在时哄骗白雪公主吃下了有毒的苹果。在接到鸟儿的报告后，七个小矮人飞速赶回，惊惶逃走的女王在暴风雨中摔下悬崖而死。七个小矮人将白雪公主放在镶金的水晶玻璃棺材中，邻国的王子骑着白马赶来，用深情的吻使白雪公主又活了过来。从此，王子和白雪公主过上了幸福的生活。

1937 年，迪士尼公司对这个故事进行改编，出品了《白雪公主》(又名:《白雪公主与七个小矮人》)。

这部经典作品《白雪公主》不仅标志着迪士尼在商业上的最高峰，且在电影史上也占据着重要地位。完美的故事、布景、音响、导演、动画、配乐和色彩让观众身临其境地进入白雪公主的奇遇中去。《白雪公主》的诞生标志着动画片由短片发展成为独立的大型作品，采用多层式动画摄影机赋予画面鲜明的透视关系、景深感和构思层次。独具匠心的艺术构思和造型设计使外貌相似的七个小矮人都各不相同，从而为动画史增添了七个崭新的艺术形象。影片在1938年的威尼斯国际电影节上获得"最佳艺术奖"，同时获得第11届奥斯卡金像奖：奥斯卡荣誉奖。

《白雪公主》是世界第一部长篇动画电影、世界第一部有电影原声带的电影、世界第一张电影原声带唱片、世界第一部有隆重首映式的动画。这是一部世界影视史上举足轻重的作品，也是这部作品奠定了迪士尼在动画王国持续几十年的霸主地位。《白雪公主》的出现让全世界为此疯狂，人们纷纷惊呼原来动画也可以达到这样的效果。华特借此开创了他动画事业中的全新纪元，也着实奠定了迪士尼动画的一种制作模式和表现形式。从此世界上就出现了一个名为"迪士尼经典动画"的动画电影系列，而影片对于后世的影响更是不可低估。

这部迪士尼作品同华特有着特别的关系。1928年的有声动画《威利汽船》让米老鼠诞生，也让华特有了名气，进而开创了迪士尼王国。1932年，迪士尼推出了世界第一部彩色动画片《花与树》，之后，华特不甘心动画片只有不到十分钟的长度，且只能在电影正片之前放映，他梦想着制造一部空前的和普通电影一样长的长篇动画，而他最终选取他小的时候就印象深刻的白雪公主故事。为了拍摄这部电影，迪士尼兄弟抵押迪士尼动画片场获得贷款，而华特对于品质的追求让这部影片的制作成本一再超出预算。当时好莱坞的业界甚至讥讽这个项目为“迪士尼大愚”，因为人们都无法相信观众会为了一部当时被称为卡通片的电影付钱并呆在电影院里一个多小时。

1937年12月21日，《白雪公主》在好莱坞首映，华特的心一直悬着，而首映结束之后，随着全场观众起立鼓掌，华特悬着的心终于放下，最后《白雪公主》大获成功！

由此，迪士尼同“白雪公主”有着不同寻常的情结，不仅仅是因为“白雪公主”为迪士尼带来了更多的粉丝，而且，迪士尼借助“白雪公主”广泛而深远的文学影响力，在迪士尼乐园塑造出一个形象活泼的“白雪公主”，使之成为迪士尼乐园的形象代表之一。

米奇童话专列与“快乐文化”

在迪士尼“快乐文化”主导下，由米奇领衔的火车主题巡游，满载幻想、趣味和音乐向你走来，随后的梦幻花车均取材自经典迪士尼电影，为你带来熟悉的迪士尼朋友。这是上海迪士尼乐园里的“快乐”一幕。

米奇童话专列将“驶过”全球迪士尼主题乐园中最长的巡游路线，为各年龄段的游客带来欢笑与惊喜。

巡游队伍中，最受欢迎的莫过于米奇、美妮的登台亮相，彩车上，这两位众望所归的明星，以其典型的装束，展示着标准的“飞吻”姿势。每一次飞吻，都会引发现场游客的一片尖叫声。更有甚者，索性将自己手中的米奇、美妮的长毛绒公仔，朝空中抛去，人们有序地宣泄着各自的激情与快乐，展现了迪士尼中游客的风采与热情。

缤纷多样的幸福景象也在游行路径挥洒无尽欢乐。几对迪士尼公主和王子相约在花车上，叫人羡慕不已。史迪奇和夏威夷女孩莉萝站在“波涛汹涌”的船型花车上，那间小茅屋格外引人注目。

“加勒比海盗船”花车来了，头戴大红礼帽的船长站立在礁石上，一副威风凛凛舍我其谁的样子。而其身后月亮似的船桅，高高翘起，顶上横挂着那面令人胆战心惊的黑色海盗旗。

由巴斯光年、蓝绿色长毛大怪物——苏利文和大独眼迈克，以及玩具总动员里的胡迪等组成的花车，自然是别具一格，充满科幻气息。花车一辆一辆，欢呼声也是一浪接着一浪。迪士尼·皮克斯动画电影《玩具总动员》的主人翁安迪和他的老友弹弓狗曾经一起度过无数的欢乐时光。虽然安迪不在家中，这只身上装上灵活弹弓的调皮弹弓狗仍然可以自得其乐，追着自己的尾巴开心转不停。“绿色奇兵”们也来了，奇兵队长会通过对讲机，召集大家参加秘密任务。一不小心，就有可能被招募为反斗战士，跟随绿色奇兵队长和玩具兵团体验非一般的反斗军事特训。

随着强烈而欢快的音乐节奏，一辆辆五彩缤纷的彩车缓缓驶来。一大群装扮各样的迪士尼卡通小人物，边跳边舞，边唱边舞，引来一片掌声。随之，迪士尼明星唐老鸭、高飞、睡美人、小熊维尼、跳跳虎、狮子王辛巴等，竞相献技。现在走过来的奇奇和蒂蒂，是迪士尼所创造的卡通人物，为一对花栗鼠兄弟，首次登场是在1943年的动画《大兵布鲁托》中。奇奇的外观特征是黑色的鼻子和一颗位于正中央的大门牙。蒂蒂则是红色的鼻子和两颗虎牙，并且头上有一小撮短毛。这下，孩子们呼喊着，招呼着，而彩车上的卡通明星纷纷呼应着。小熊维尼报以摇头晃脑的微笑，憨态可掬的他，是众多迪士尼小粉丝的“大众情人”，几乎人人都知道小熊维尼，生活在百亩森林里的他最喜欢吃蜂蜜，为了寻找蜂蜜，他甚至会想办法进入蜂窝。高飞狗则摆动起两只长耳朵以示友好，白雪公主和七个小矮人翩翩起舞，车上车下，互动传情。里里外外，好不热闹。

游行队伍中，还有《木偶奇遇记》里的小木偶，他的帽子上插着一根粉红色的羽毛，他衣服上的那只绿色大领结有点夸张。你看到也会忍不住发笑。

这里，是迪士尼的欢乐世界。这里，是迪士尼的“快乐文化”。这便是迪士尼能够在异国他乡生根开花的秘诀之一。

我们从迪士尼“快乐文化”中可以窥视到迪士尼“快乐文化”背后隐藏的商业文化，这是和它温馨的外表完全相反的东西。有专家学者这样评价道：迪士尼的发迹史，就是一部将艺术彻头彻尾商业化的过程。在迪士尼，艺术品被看作是一种产品，而不是一种“艺术作品”。很少有人能像迪士尼那样，把艺术本身的商业价值发挥到极致。例如，迪士尼从未停止推出一部部制作精美的卡通片，每一部影片推出后都要大力宣传去打票房，并发行拷贝和录像带，赚进第一轮；然后是后续产品的开发，主题公园是其一，每放一部卡通片就在主题公园中增加一个新的人物或者一个游乐项目，在电影和公园共同营造出的氛围中，让游客高高兴兴地去参观主题公园，赚进第二轮；接着是品牌产品，迪士尼在美国本土和全球各地建立了大量的迪士尼商店，让大人孩子出门就看到迪士尼的存在，赚进第三轮。这还不够，迪士尼还在不断地收购电视频道，即使有了卡通电影频道、家庭娱乐频道仍不满足，甚至还买了新闻频道。借助电视的触角，布下它的天罗地网。目前在迪士尼的全部收入中，接近一半是品牌产品销售，主题公园的收入占 20%，而电影电视的收入是 30%。

米奇童话列车的一次次出发，便一次次带来迪士尼的“快乐文化”，而在“快乐文化”的熏陶下，拷问我们的是应该如何来审视这一切？

有学者这样以为：尽管在迪士尼发展历史中，社会环境等方面发生了巨大的改变，但迪士尼传播快乐和希望的核心理念却始终没有改变过。在迪士尼乐园中，游客获得娱乐、休闲乃至刺激的同时，依旧能感受到温暖、快乐、希望、梦想和激励。迪士尼形象传达的是正直、勇敢、关爱和创造，因其正面积极的文化而得以广泛适用。随着迪士尼的发展，其全球化创作和生产已经成为现实，它面对的不仅仅是美国文化或者西方文化，通过经典作品及其衍生产品的传播，迪士尼文化在某种程度上已经成为全世界共通的文化符号。

小丑鱼的动画特技和音乐

这是上海迪士尼乐园的绚烂夺目、激发无限想象的艺术特效——“点亮奇梦：夜光幻影秀”。

米奇将展示梦想的奇妙魔力和想象的神奇力量，在这里见证烟花水幕灯光音乐和科技结合的奇迹。米奇开启通往全新冒险历程的大门，让无限精彩的奇妙世界一一呈现在游客的眼前。通过扣人心弦的投影、激光、喷泉及其他各种特效技术，米奇施展魔力将奇幻童话城堡变为梦幻新世界，同时点亮所有游客心中的奇梦。这就是精彩无比的“夜光幻影秀”。

有人说：去了迪士尼而没看“夜光幻影秀”就跟没去一样。而上海迪士尼的“夜光幻影秀”远远不止烟火秀这么简单。整个过程依旧是配以迪士尼各个电影耳熟能详的歌曲，城堡和水幕上放映相应的经典片段。从米奇出场为引导，随之《汽车总动员》《狮子王》《海底总动员》《白雪公主》《花木兰》《冰雪奇缘》《星球大战》《加勒比海盗》《长发公主》，一个个迪士尼人物形象或者故事的桥段，“串烧”在一起，整个过程十分酣畅，效果极佳。这就是迪士尼特技和音乐的魅力。

这里，选取“夜光幻影秀”的一个片段：入夜，随着熟悉的音乐声起，城堡投影的画面上，幽蓝深邃的海洋，橙红色的海葵宛如海底盛开的花朵，蓝色水底中远处游来过往的是色彩绚烂、美丽异常的海洋生物。一条绯红带着白色条纹的小丑鱼马林和蓝色的蓝唐王鱼多莉穿越万里海域，去寻找马林失散的儿子尼莫。投影画面使人感受到的欣喜和明朗、绚烂和绮丽、温暖和感动，一直犹如电影中马林和多莉临近悉尼海湾的潜流，快乐地被瞬间卷入时那样身不由己。

这是源自迪士尼《海底总动员》的故事：一对可爱的小丑鱼父子马林和尼莫一直在澳洲外海大堡礁中过着平静的生活。鱼爸爸马林一直谨小慎微，行事缩手缩脚，虽然已经身为人父，却丝毫不会影响它成为远近闻名的胆小鬼。也正因为这一点，儿子尼莫常常与马林发生争执，甚至有那么一点瞧不起自己的父亲。

直到有一天，一直向往到海洋中冒险的尼莫游出了它们居住的珊瑚礁。正当尼莫想要舒展一下小尾巴的时候，一艘游船毫不留情地将欢天喜地的尼莫捕走，并将它带到悉尼的一家牙医诊所。

为救回心爱的孩子，马林豁了出去，决心跟上澳洲洋流，踏上寻找儿子的漫漫征程。途中与大白鲨布鲁斯的几次惊险追逐，险些使父子重聚的希望化为泡影。但幸运的是，马林遇到了蓝色帝王鱼多莉。

多莉是一条热心助人、胸怀宽广的鱼，虽然她严重的短期健忘症和过分乐观的脾气常常搞得马林哭笑不得，但是她也渐渐令马林明白了如何用勇气与爱战胜内心的恐惧，也懂得了一生中有些事情的确是值得去冒险、去努力的。

两条鱼在辽阔的太平洋上的冒险使它们交到了形形色色的朋友，也遭遇了各式各样的危机。鱼爸爸马林也终于克服万难，与儿子团聚并安全回到自己的家乡。过去那个甚至连自己儿子都瞧不起的胆小鬼马林，经过这次的考验后成了儿子眼中真正的英雄。

纵观以往的作品，眼下的迪士尼·皮克斯不仅仅在CG动画（计算机动画）方面，因采用物理仿真技术已经远远领先市场上其他对手，更闪亮的是，它已经超越了以往CG动画“以技术挂帅”的原始阶段，回归到以内容题材的升华和剧情的内在意义为核心的动画制作模式。这种将充满想象力宛如天马行空的电脑CG与传统的人性理念相结合的制作方式，才是皮克斯足以称雄好莱坞成为CG王者的关键。这样的追求，自然令人对《海底总动员》充满期待。

从动画到“夜光幻影秀”，迪士尼将《海底总动员》的艺术感染力挖掘了一遍又一遍。影片里仿佛要溢出银幕外的彩虹般绚丽的色彩、栩栩如生的游弋海中的每一个细小美丽的生命，都是皮克斯利用最先进的CG技术呈现的一个无垠的想象空间和温馨的心灵家园。看看皮克斯以往的作品，在主题和构思上并不以新奇花巧见长，不管是《玩具总动员》和《怪物公司》的两重世界，还是《虫虫危机》的动物寓言，其传承的都是迪士尼永恒的真善美主题。

迪士尼不仅仅运用其娴熟的动画特技，而且在音乐上也是颇为出彩。迪士尼动画片里面的所有音乐都是具有故事性的，它运用了不同的内容、不同的情绪、不同风格的歌曲和乐曲来表现出动画片里面不同人物的感情色彩和思想。总的来说，迪士尼动画片的故事都是由世界上各种不同的奇妙情感贯穿全剧，每一部影片都是以爱为主题的，向人们传播着与爱有关的正能量。因此，它的音乐自然也是与剧情相结合的爱的乐章。

迪士尼动画电影的成功不仅归功于其精彩的故事情节和对动画人物的生动精细刻画，也得益于在电影中巧妙制作的动画音乐。迪士尼动画音乐无论是主题音乐、背景音乐，还是歌曲音乐，都巧妙地与剧情完美融合，促使许多迪士尼动画电影成为动漫电影的经典。

音乐一直是迪士尼动画电影的标志。“为迪士尼作品而写的歌曲，在过去几十年里成了美国流行文化重要的一部分。大多数美国人在年轻时听到这些歌，它们在我们的集体意识中占据了独特的位置。”2009 年出版的《迪士尼歌曲百科全书》在序言中这样写道。“迪士尼的作品基本上是带给人希望的。这些作品肯定人生，避开消极绝望。哪怕是面对令人不安的主题，诸如种族间的不平等、环境的破坏，迪士尼的艺术家选择的调子也是怀有希望的。”《迪士尼歌曲百科全书》正是这样总结迪士尼作品受到大众欢迎的原因。

小丑鱼在“夜光幻影秀”上大放异彩，正是迪士尼的动画特技和音乐为其带来的无穷魅力。

穿越时空的梦幻婚礼

相信每一位读者都曾经被公主与王子的故事感动，他们经历了各种磨难，终于靠着坚毅和勇敢打破魔咒，成为生生世世的伴侣。我们也相信，每一位读者都不止一次梦幻着好不容易在一起的公主与王子，他们的婚礼是否豪华奢靡？皇家婚宴是否处处显示着荣华富贵？又有多少新人梦想拥有一次如梦似幻的迪士尼婚礼庆典，以圆一个奇幻城堡下的“心愿”。

据了解，自 1991 年 9 月起，已经有 3 万多场迪士尼婚礼在世界各地陆续举行，包括洛杉矶的迪士尼乐园、奥兰多的华特迪士尼世界、夏威夷的欧拉尼迪士尼度假区以及多个迪士尼邮轮航线、度假区和公园。据华特迪士尼公司提供的数据显示，2016 年，每天约有 11 场迪士尼婚礼在世界各地举行。随着上海迪士尼乐园的开园，可以预见，将会有更多的中国新人去迪士尼乐园举办私人订制的婚礼。

诚然，世界上有各种美好的爱情，世界上也不乏各种美好的婚礼，但在公主的世界里，最传奇、最梦幻、仅为公主订制的闪耀婚礼想必只有一种——迪士尼童话婚礼。相信每位待嫁的公主都期待着自己与王子能成为迪士尼童话故事的主角。

如今，在上海迪士尼游客也可选择四种不同色彩主题的迪士尼童话婚礼……

永远别低估一个女孩对自己婚礼的狂热。无论是御姐、萌妹子、假小子，无论她外表是什么类型，她们的内在都有一颗公主心，不断寻觅着一场专属于自己的完美婚礼，直至遇到迪士尼童话婚礼——百分百为公主而设的梦幻婚礼。

化身童话中的公主与王子，从此幸福地生活在一起，到底是种怎样的美好体验？就让迪士尼童话婚礼来告诉你！

端庄大气、宜古宜今、宜中宜西的迪士尼红色主题婚礼美照浪漫来袭！携手走过长长的古典主义长廊，公主与王子登场。公主专属的南瓜马车就停在仙履奇缘宴会厅外，接受注目礼。

仙履奇缘宴会厅大门徐徐推开，梦在眼前一帧一帧定格实现。一个梦幻的西式婚礼，用最中国的红，传达着最传统的美，两者完美结合，天衣无缝、浑然天成。

公主和王子即将登上人生最难忘的华丽舞台，宣誓爱情、接受祝福。无处不在的米奇元素，赏心悦目之余也不失浪漫别致。

这就是喜气洋洋的红色主题婚礼的一个场景，其设计灵感来源于穿着唐装的米奇，而人见人爱的米奇造型桌花，也着实是整场婚礼的点睛之笔。美翻了的红色主题婚礼蛋糕，将传统西式造型与浓浓中国韵味完美融合，未来的好彩头都写在上面。

你知道迪士尼婚礼的“金色主题”是怎样的精彩吗？

当清晨第一缕金色阳光在回廊尽头闪耀，那里跃动着无限光明的未来与希望。欢乐的乐章在耳边回旋，空气里写满 happily ever after（从此幸福地生活在一起），这一幕如此真切，仿佛灰姑娘与王子的美满结局正在上演，期待已久的这一天终于来临！

此时此刻，头纱之下是全宇宙最美的公主，她拥有最温柔善良的心地和最动人的微笑。最传奇、最盛大的皇家婚礼，早已用饱满的金色气质说明了一切。

还记得灰姑娘与王子初见的皇家舞会吗？悠扬的华尔兹，欢乐的人群，旋转啊旋转，每一面镜子都在闪闪发光，映衬出人们幸福的表情。

还记得灰姑娘午夜离去时遗落的水晶鞋吗？今天王子将用它送上此生不渝的承诺。那句曾暗自排练过千万遍的话，是时候说出口：请成为我的公主与爱人，让我守护你一辈子，从此我们一起幸福快乐地生活。

每一个值得纪念的细节都没有被忘记，连桌花都是金色的南瓜马车。

午夜水晶鞋，魔法南瓜马车，不再意味着惊慌，不需再匆忙离开，这份爱的礼物，只需好好珍藏。

“白色主题婚礼”以独特的环境和场景，打造了一个洁白纯洁的婚礼。

闪耀着纯净又夺目光芒的“白色婚礼季”正为公主们而来！

手中的鲜花，额上的皇冠，以及等待公主的南瓜马车，一切都晶莹剔透，纯美无瑕。爱如冰雪晶莹纯美，如钻石光芒永不止息。

婚礼殿堂里一派银装素裹，白色冰雪舞台不动声色地冷静美丽着，冰柱清澈而深邃，仿佛用贝加尔湖最美的那块蓝冰筑成。

这一次，公主要在自己的舞台上，亲手推开冰雪之门，走向自己的幸福。所有光芒都在那一刻尽情闪耀，向公主致以最深切、最纯净的祝福。

圆桌之上，白色山峰耸立，晶莹雪花闪烁，花开灿烂，与公主的幸福交相辉映。

冰雪城堡见证了纯净无瑕爱的进行式。公主和王子从此过着幸福快乐的生活。

心底如水般柔软包容的公主往往选择蓝色婚礼。那一抹深邃宁静的蓝来自海洋，宛若小美人鱼般纯真无瑕，代表着坚定执着、无私无畏的爱。

曙光微曦，童话成真的一天从这里开始。这甜蜜动人的一刻，永存于心底最柔软处。推开大门，公主第一次将内心的色彩——一抹纯净优雅的蓝毫无保留地呈献给爱人。

不容置疑，公主的心就像藏于深海的珍珠，纯净无瑕，稀世罕有。今夜的主角，来自海洋的公主，如此纯真可爱，如此生动甜美。

夜幕降临，甜蜜的乐章响起。蓝色礼花为爱绽放，为今夜闪耀。王子与公主从此过着幸福快乐的生活。

一千个女孩有一千个婚礼梦，迪士尼童话婚礼则是女孩们的第一千零一个梦。它属于公主，实现那些只在童话中才能成真的美好。

红色、金色、蓝色、白色，虽然色彩不同，但在迪士尼童话婚礼上，都会出现那个人见人爱的米奇。追溯到90年前，在

1928年迪士尼动画片中，米奇第一次约会美妮。6分多钟的短片里，聪明机智的米奇制造出了一台飞机并邀请美丽可爱的美妮一起升空兜风，美妮在屏幕处女秀中充分展示了现代女性独立自信且自尊的特质，顷刻间令全世界着迷。这一对，从此成为不可分割的情侣。而今，他们也成为迪士尼婚礼的形象大使，深深印刻在每一对新人的心中。

无论是迪士尼动画里的《灰姑娘》还是《白雪公主》《睡美人》，那些盛况空前的婚礼场面，想必早已映入千千万万少男少女的心。就像《灰姑娘》中所描绘的那样："哇！是灰姑娘呀！""是灰姑娘公主！"灰姑娘公主在街上令人们欢呼，坐上马车向王宫奔驰而去。灰姑娘把以前旧而脏的衣服脱掉，穿上漂亮、华丽、高贵的衣裳。因为这已不是魔法变成的衣裳了，所以，灰姑娘再也不必担心了。"太好啦！能够找到公主，的确太好了。"王子非常高兴地说，"这次绝对不让你走了。"灰姑娘像在梦里一般，幸福洋溢……

其实，无论哪一种色彩的婚礼，幸福的颜色总是永恒的，祈愿每一对迪士尼童话婚礼的新人都能在此了却"梦想成真"的心愿。

晶彩奇航荡漾在“真善美”的小河中

“晶彩奇航”始于上海迪士尼乐园梦幻世界的码头。在船上一路蜿蜒前行，很快将路过壮观的雕塑园，这些雕塑淋漓尽致地展现着迪士尼经典故事，如《美女与野兽》《阿拉丁》《花木兰》等。每一个雕塑都完美传递了故事的精髓，妙趣横生，浪漫动人，积极向上，鼓舞人心。越靠近岩洞，就越发让人激动，越发让人感受到神奇的力量。在音乐与灯光的作用下，游客仿佛置身于一场震撼的视听盛宴，不禁心潮澎湃。

迪士尼打造的这个独家的晶彩奇航游乐项目，别具匠心地将迪士尼中最为经典的六个故事，重新组合创作为一个“真善美”的故事集。

《美女与野兽》：改编自法国童话故事。这个故事围绕着“人与人的相处展开”，告诉我们，野兽与贝尔终能相爱，是因为他们用心相处，心与心的距离是可以超越外表的。尤其是通过美女和野兽之间情绪的变化，烘托出如何学习爱他人和被爱的主题。

《阿拉丁》：改编自阿拉伯神话故事。这个故事通过阿拉丁的经历传递了一个关于勇敢、诚实、智慧和真爱的主题。阿拉丁与邪恶巫师贾方的对决，让他逐渐认识到真诚的爱情是最牢固的，另一方面，他也实现了自己的诺言，这些正是阿拉丁最为吸引人之处。

《魔法师的学徒》：这是一个神话传说，曾经被歌德写成一首诗，也被杜卡斯写成一首乐曲，迪士尼根据杜卡斯的音乐主题，创作了动画作品《幻想曲》，并由米老鼠饰演片中主角——魔法师的学徒。在影片中米老鼠没有任何台词，拟用哑剧的形式。这个故事生动体现了想象的力量。米奇偷戴师傅的魔法帽，对扫帚施魔咒，让其帮忙做家务。不过一旦他不能控制魔法时，就把自己搞得狼狈不堪，令人捧腹大笑！

《魔发奇缘》：根据经典童话《莴苣姑娘》改编而成。这部童话已经多次被搬上大银幕，长发公主和白雪公主、灰姑娘、小美人鱼等也成为迪士尼的经典美人形象，这一次，公主不再孤单地等待英雄来救她，而是自己也开始成为一个"英雄"。像公主那样勇敢追逐梦想，激发真正潜能。

《花木兰》：改编自中国古代民间故事。木兰替父从军的故事在中国流传了近两千年，迪士尼创作意图不仅仅为一个中国孝女树碑立传，更是希望通过动画将花木兰塑造成为西方人推崇的能够跨越民族和国家的女英雄。所以，在其精神领域更加注重人性以及她所蕴涵的精神实质。值得一提的是"晶彩奇航"，有专门讲花木兰的故事。设计师让花木兰站在木兰亭中，柱子旁则是木须龙。木兰亭的周围是传统中国古典园林的装饰，以保证真实还原中国古典园林当中的一些细节。

《小美人鱼》：选自安徒生童话。迪士尼影片中的小美人鱼是一个带有自我意识觉醒和现代个性的女孩，她坚持自己的爱情和梦想。迪士尼把安徒生童话中原本悲惨的结局改变为美满的大团圆，使有情人终成眷属。迪士尼试图通过这样一个美丽的故事，鼓舞那些追求自己梦想的人。

“晶彩奇航”所选取的迪士尼六个精彩故事，虽然都是各国的文化素材，且有的故事在上海迪士尼乐园里面多次出现，但迪士尼就像一个技艺超群的烹饪师，围绕“真善美”的主题将其汇成一锅“人见人爱”的“美味佳肴”。

“晶彩奇航”从上海迪士尼乐园出发，悠悠小船荡漾在“真善美”的小河中……

漫月食府里也隐藏着“迪士尼密码”

这里，蕴含着细腻与温婉的雅致。这里，洋溢出灵性与醇厚的气味。

一阵风起，一丝雨落，多少故事，在这里荡漾，卷起一水温柔。

漫月轩（现更名漫月食府），可谓上海迪士尼乐园中一道亮丽的风景。

上海迪士尼乐园的漫月食府，坐落在充满中国江南园林风格的古建筑中，是一个可以容纳600人就餐的中式风格餐厅，这里以中国具有代表性的高山、海洋、沙漠、森林和河流五大元素为主题，划分为五个不同的就餐区。菜品也大改以往的西式风格，主打本土特色，70%为中国菜，包括米奇北京烤鸭披萨、米奇大圆蹄、红烧牛肉面、福建海鲜面、东坡肉饭、蒸排骨南瓜饭、四喜烤麸还有米奇虾仁滑蛋饭、漫月轩烧卖等。

每一个元素的餐区都有其独特的主题，如海洋主题是“海阔天空”，森林主题是“万木葱茏”，山川主题是“峰回路转”等。以山川主题为例，设计灵感体现在建筑装饰的纹理上，甚至包括材料本身。设计师和各类艺术家、各种厂家合作，在就餐区创造一些独特的织物和装饰。而沙漠主题餐厅，迪士尼请来很多中国本地的艺术家创造了人物画像、山水画像挂在墙上。另外，在漫月食府内的墙上，不仅有古代字画的仿制作品，以体现向广袤中国大地上的文人墨客致敬的宗旨，还有一些中国古典乐器的陈列。

“迪士尼乐园的一切，背后都有故事。”漫月食府团队也为这座充满中国风的建筑设计了一个故事。尽管迪士尼动画中不缺和中国有关的作品，但这次他们还是想了一个全新的故事作为漫月食府的主题。

设计团队的采风足迹遍布中国各地，从江南水乡到西部戈壁，从丽江古城到青岛海边……旅途中，设计师们走进无数老建筑和博物馆，考察建筑材料，汲取设计灵感，最终浓缩成 5 个主题餐区，分别对应着沙漠、海洋、山川、河流和森林 5 种元素，而每种元素中都融入了相应的中国地域特色。

为了把水融入河流馆的设计中，团队更是跑遍丽江、西塘、朱家角、乌镇等几乎所有与水和建筑有关联的地方。漫月食府中的水，不仅考虑了水与建筑在视觉上的融合，水的触感、声音也经过了巧妙的设计。

漫月食府中更多的还是江南建筑的典雅，尤其是参考了苏州园林。漫月食府正厅门前，典型的苏州园林风格，汲取了苏州园林的精华。

苏州古典园林，以其历史悠久、造园精巧、数量丰富著称于世，是中国传统文化中一朵绚丽的艺术奇葩。苏州古典园林，以其独特的造园艺术，在有限的空间内，不仅通过“景语”状物抒情，把理水叠山、园林建筑、陈设布置、植物配置糅合在一起，并以亭台楼阁、池水假山、树木花卉为主体，辅之以小桥、流水、回廊、曲径等，营造出了古朴典雅、自然清幽、意境深邃的文人写意山水园林，而且在众多的厅堂轩馆、亭台楼阁内布设着大量古今名人的书画墨迹，如题景、匾额、楹联、题刻、碑记、字画等，巧妙地在幽静典雅之中显出物华文茂的园林景观。令人赏心悦目，叹为观止。

漫月食府的主厅则是典型的徽派建筑：白墙青瓦，装饰着高高的马头墙。

徽派建筑以砖、木、石为原料，以木构架为主。梁架多用料硕大，且注重装饰。还广泛采用砖、木、石雕，表现出高超的装饰艺术水平。徽派建筑最初源于东阳，是江南建筑的典型代表。徽派民居建筑是以柱、枋、梁、檩、椽等构件组成的木结构建筑，梁托、瓜柱、叉手、雀替、斗栱等大都进行镂雕加工，装饰以漂亮的花纹、线脚。房屋天井四周的檐下撑木多雕成各种神仙人物、飞禽走兽和戏剧故事，非常生动。梁架上的叉手和霸拳则多做成云朵状，相互勾连迂回的流畅线条，飘逸俊俏，美不胜收。

徽派民居建筑的外观造型颇具特色，除一般中国古代建筑的低层、坡顶形式外，着重采用了马头山墙的建筑造型，将房屋两端的山墙升高超过屋面及屋脊，并以水平线条状的山墙檐收顶。为了避免山墙檐距屋面的高差过大，采取了向屋檐方向逐渐跌落的形式，既节约了材料，又使山墙高低错落，富于变化。这原是为了防火，故俗称“封火墙”。

然而，漫月食府毕竟是上海迪士尼乐园的一部分。这座一眼看上去非常“中国”的建筑里，却低调地隐藏了许多非常“迪士尼”的细节，存在于整座建筑的角角落落。像沙漠馆墙上的壁画，就借用了《阿拉丁》中的猴子阿布形象，灯神虽然没有直接出现，却有装饰图案融合了它的形象；而几乎所有房间中，你都可以找到《海底总动员》中的人物。但他们并不想让迪士尼的卡通人物“喧宾夺主”，占据漫月食府，而是让迪士尼元素低调地融入细节之中。其设计专家以为：“这其实还是迪士尼文化的体现，迪士尼本身就是一个文化现象。”

曾经参与迪士尼幻想工程的一位中国文化分析师透露，在设计过程中，他们与迪士尼分享了中国的《西游记》《梁山伯与祝英台》《牡丹亭》等，并着重介绍了《舌尖上的中国》，告诉他们今天的中国年轻人都在想什么。因此，最终呈现在游客面前的上海迪士尼是中美两种文化的精妙融合。

曾经有记者采访迪士尼乐园：迪士尼是如何融入中国市场的？答案可以归纳为四大要素：语言、娱乐、建筑和食物。

一座占地不大的漫月食府，就有幸占了三项要素。这恐怕正是其对“迪士尼密码”的最好诠释。

期待着“玩具总动园”

在迪士尼幻想工程师的蓝图里，“玩具总动园”园区将呈现一个五彩缤纷、热闹非凡的世界。

在这里，游客会感觉自己仿佛缩小至和《玩具总动员》影片里备受喜爱的玩具一样大小，在主人公安迪家的花园度过充满欢声笑语的时光。玩具们被赋予了生命，在这个完全沉浸式的园区里尽情玩耍。园区包括三个全新的游乐项目和一个独特的与迪士尼朋友见面的主题区域。

这不是迪迷们的胡思乱想，这是上海迪士尼乐园正式扩建的信息。2016 年 9 月，上海迪士尼度假区发布消息：《玩具总动员》中的胡迪、巴斯光年和他们所有的朋友们将很快在上海迪士尼乐园拥有一片崭新的家园，为游客带来无限欢乐。玩具总动园将成为上海迪士尼乐园内第七个主题园区。不久，合作企业的双方股东——华特迪士尼公司和上海申迪集团的高层为玩具总动园园区破土奠基，这一全新园区表明合作双方对中国主题娱乐消费需求的日益增长充满信心，也同样彰显了上海迪士尼度假区自开幕以来所取得的成功开端。

《玩具总动员》系列的角色和故事一直深受中国游客的喜爱。上海迪士尼度假区拥有全球唯一一座玩具总动员主题的度假酒店，此外上海迪士尼乐园内的巴斯光年星际营救游乐项目，拥有全球迪士尼乐园中最先进的巴斯光年瞄准系统，深受游客青睐。

上海迪士尼度假区总经理表示："华特·迪士尼先生曾说过，只要世界上还存在想象力，所有的迪士尼乐园都不会完工，并将不断壮大。我们非常高兴能把同样的想象力和乐观精神带到上海，并期待与中国游客一起不断发展我们的度假区。现在正是造访上海迪士尼度假区、体验迪士尼神奇魅力的好时机。"

全新的玩具总动园园区于 2018 年 6 月向游客开放，呈现其独特的景点和体验。

谈起《玩具总动员》，它从动画走向迪士尼乐园，从银幕来到游客中间，这正是迪士尼的屡试不爽的"法宝"，也是迪士尼多年来汲取各种文化营养来壮大自己的绝招。

动画影视制作是迪士尼产品链的源头，作为迪士尼财富产业链的母体，其内容成功与否关系着后续产品的开发。因此迪士尼内容制作一直坚持艺术作品的产品属性。在作品设计上突出类型化，在作品生产时则强调工业化生产的流水线方式。标准化生产保证了迪士尼动画片的平均水平，这个模式是经过调整和精确提炼后得出的，主要内容为好人、坏人、磨难、幽默、励志、大团圆结局。从目前来看，这种模式在全球范围内取得了巨大成功。

各家迪士尼乐园虽不尽相同，各有特色，但都是基于将迪士尼公司的动画、电影等内容资源，从图书、银幕以及其他产品形式转化为在一个集中的区域内沉浸式体验的乐园。这就是迪士尼的文化资源。迪士尼的游乐项目，不仅仅是个"玩具"，更是一个讲故事的"载体"。将游乐同讲故事完美地结合起来，使游客在游乐中感受故事的魅力，在理解的故事中游乐一场，这样的文化滋养是一种愉悦的游乐、愉悦的教育。

在迪士尼《玩具总动员》里的胡迪是小主人安迪最喜欢的传统牛仔玩偶，他和其他玩具趁主人不在时，便会"活"起来一起玩闹。可是好景不长，最新奇的热门玩具巴斯光年来了，他让胡迪备受冷落。失宠的胡迪为了巩固自己的地位，只好处心积虑地想要赶走巴斯。在一次意外中，胡迪和巴斯不幸陷入一个玩具虐待狂的邻居家中而命在旦夕。两个冤家路窄互不相容的对手，最终化敌为友、发挥机智，顺利地通过这场冒险之旅，回到小主的身边。

20年前公映的《玩具总动员》是史上第一部三维动画长片，它开启了皮克斯的筑梦之旅，也开启了动画电影的新时代。

迪士尼将经典的讲故事手法与最前端的电脑技术结合起来，不仅赢得了成功，更改变了整个产业。《玩具总动员》获得成功的一大重要原因，在于传统的动画艺术家与电脑动画技术工作者们天衣无缝的配合。胡迪仅仅是在脸上就有212个动画控制点，这对于现在的三维动画来说可能没什么大不了的，但那可是在1995年的技术环境里。

对此，因为有1995年第一集成功的压力，第二集的导演十分坚持续集的故事、人物必须更为有趣才行，所以在《玩具总动员2》(1999年上映)中，故事重心摆在描写玩具被主人抛弃时的心路历程，因此创造出女牛仔这个新角色。片中许多创意桥段的设计更是让人会心一笑，营造出更胜第一集的精彩内容。

为了创作《玩具总动员3》(2010年上映)，皮克斯几乎召集了创作前两部的全部原班人马，并且重新回到诞生了《玩具总动员 1》的小屋，带上有《玩具总动员》标签的红酒，以帮助主创重新回到电影描述的世界里。

从迪士尼动画到上海迪士尼乐园建设新的主题园区，玩具总动园究竟能给我们带来什么惊喜呢？我们期待着……

解开上海迪士尼获奖之“密码”

2016 年 11 月，2016 年美国游乐设备及景点博览会在美国奥兰多举行，超过 3 万名来自世界各地的景点行业专家齐聚一堂。这是世界主题娱乐协会（TEA）举办的本行业世界级博览会，它是一家非营利性的国际协会，汇聚了世界领先娱乐目的地及体验的创造者、开发商、设计师和制作方。协会颁发的年度 Thea 大奖是全球主题娱乐行业卓越成就的象征，也是对同业中取得非凡成绩的认可。

距盛大开园不足半年的上海迪士尼乐园，不仅在博览会上荣获多项国际顶级大奖，还在国内外众多主题乐园中摘得唯一的“杰出主题乐园成就奖”！

世界主题娱乐协会授予了上海迪士尼乐园三项 Thea 杰出成就大奖，以表彰其在主题娱乐行业的杰出成就。奖项包括：

上海迪士尼乐园荣获杰出成就奖——主题乐园。作为中国大陆首座迪士尼主题乐园，上海迪士尼乐园为游客提供无限可能，并创造值得珍藏一生的回忆。上海迪士尼乐园是一座神奇王国风格的主题乐园，通过专为中国游客量身定制的原味文化体验和主题设计，呈现出经典的迪士尼故事和卡通形象。

“加勒比海盗——沉落宝藏之战”荣获“杰出成就奖——景点”。“加勒比海盗——沉落宝藏之战”是一次无比壮观的室内乘船漂流历险，位于“宝藏湾”这个全球迪士尼乐园中唯一以海盗为主题的园区。游客在杰克船长的带领下准备盗走戴维·琼斯船长最珍贵的宝藏，开启全新的欢乐冒险。该游乐项目完美结合了迪士尼故事和尖端技术，配以独具特色的3块巨型多媒体穹顶、投影效果、栩栩如生的角色、剧院级的布景以及复杂的光影效果。

“古迹探索营”荣获“杰出成就奖——景点”。上海迪士尼乐园是全球首座拥有“古迹探索营”的迪士尼乐园。探险家们无论年龄大小、技巧高低，都可一起出发去岛上的瀑布、遗址、考古现场搜寻远古部落的痕迹，也可探索自然景观与古老传说，穿过瀑布并沿岛上专设的攀爬索道去寻找部落遗址。

除此之外，上海迪士尼乐园还荣膺2016年国际游乐园及景点协会（IAAPA）卓越大铜铃奖。该奖项旨在表彰全球范围的游乐园及景点内杰出的实景娱乐演出和其他成就。

上海迪士尼度假区总经理郭伟诚表示：“这些殊荣完美印证了只有迪士尼演职人员和幻想工程师可以带来独一无二、源源不断的创意和创新。我们对开幕以来每天收到的游客反馈感到非常满意，也非常高兴看到游客沉浸在我们无与伦比的景点和现场娱乐演出的体验中。”

上海迪士尼乐园于2016年6月16日盛大开幕。在开园后的头4个月运营期间，上海迪士尼乐园接待了400万游客，并于11月迎来了第七个主题园区——全新“玩具总动园”园区的破土奠基，彰显了乐园所获得的成功开端。

对此，世界主题娱乐协会盛赞上海迪士尼乐园为“一个规模巨大、世界一流、汇聚了突破性技术和创新设计、制作及执行的成功的主题乐园”。

上海迪士尼乐园喜事连连，2017 年 2 月又传来喜讯：上海迪士尼乐园标志性景点之一“加勒比海盗——沉落宝藏之战”荣膺美国视觉效果协会（VES）颁发的“特殊项目最佳视觉效果奖”。这是该景点继去年秋季荣获世界主题娱乐协会授予的“杰出成就奖——景点”后，再获的国际同行业殊荣。

为什么新开园的上海迪士尼乐园能够获得如此大奖呢？这不仅仅是同业人的疑问，也是广大游客最想了解的问题。

追根溯源，华特的梦想和奋斗给世界带来了无尽的欢乐，也代表了一种迪士尼精神：在冒险中生存、勇于推销自己、敢于挑战不可能的事。

上海迪士尼乐园正是传承了这种精神，所以才能在短短开业几个月后斩获如此多的大奖。

相信在未来，上海迪士尼乐园会源源不断地创新、创造，为我们带来更多的惊喜！

图书在版编目(CIP)数据

奇幻城堡下的童话:上海迪士尼文化密码/叶永平编著.—上海:上海社会科学院出版社,2018

ISBN 978-7-5520-2371-8

Ⅰ.①奇… Ⅱ.①叶… Ⅲ.①游乐场-介绍-上海 Ⅳ.①G248

中国版本图书馆 CIP 数据核字(2018)第 152708 号

奇幻城堡下的童话——上海迪士尼文化密码

编　　著:叶永平
责任编辑:董汉玲　温　欣
封面设计:周清华
出版发行:上海社会科学院出版社
　　　　　上海顺昌路 622 号　邮编 200025
　　　　　电话总机 021-63315900　销售热线 021-53063735
　　　　　http://www.sassp.org.cn　E-mail:sassp@sass.org.cn
照　　排:南京理工出版信息技术有限公司
印　　刷:上海天地海设计印刷有限公司
开　　本:890×1240 毫米　1/32 开
印　　张:5.125
插　　页:2
字　　数:109 千字
版　　次:2018 年 8 月第 1 版　2018 年 8 月第 1 次印刷

ISBN 978-7-5520-2371-8/G·760　　定价:29.80 元
